基于产业生态系统理论的
我国休闲体育产业发展研究

弓志刚 周 成 著

中国财经出版传媒集团
中国财政经济出版社

图书在版编目（CIP）数据

基于产业生态系统理论的我国休闲体育产业发展研究／弓志刚，周成著．－－北京：中国财政经济出版社，2023.8

ISBN 978-7-5223-2319-0

Ⅰ.①基… Ⅱ.①弓… ②周… Ⅲ.①休闲体育－体育产业－产业发展－研究－中国 Ⅳ.①G812.4

中国国家版本馆 CIP 数据核字（2023）第 114358 号

责任编辑：张晓丽　　　　责任印制：刘春年
封面设计：孙俪铭　　　　责任校对：张　凡

基于产业生态系统理论的我国休闲体育产业发展研究
JIYU CHANYE SHENGTAI XITONG LILUN DE WOGUO XIUXIAN TIYU CHANYE FAZHAN YANJIU
中国财政经济出版社 出版

URL：http://www.cfeph.cn
E-mail：cfeph@cfeph.cn

（版权所有　翻印必究）

社址：北京市海淀区阜成路甲 28 号　邮政编码：100142
营销中心电话：010-88191522
天猫网店：中国财政经济出版社旗舰店
网址：https://zgczjjcbs.tmall.com
北京财经印刷厂印刷　各地新华书店经销
成品尺寸：170mm×240mm　16 开　12.75 印张　201 000 字
2023 年 8 月第 1 版　2023 年 8 月北京第 1 次印刷
定价：80.00 元
ISBN 978-7-5223-2319-0
（图书出现印装问题，本社负责调换，电话：010-88190548）
本社质量投诉电话：010-88190744
打击盗版举报热线：010-88191661　QQ：2242791300

本书系教育部人文社会科学研究规划基金项目"基于产业生态系统理论的我国休闲体育产业发展研究（19YJA890006）"的研究成果

前　言

当前，我国已开始进入全民健身新时代，休闲与健康正日益成为人们日常追求的生活方式与价值理念。根据国家统计局网站公布的2021年全国体育产业总规模与增加值数据，经核算，2021年全国体育产业总规模为31175亿元，增加值为12245亿元。从产业结构来看，体育服务消费势头明显，截至2021年年底，全国居民体育消费总规模突破2万亿元。休闲体育产业作为新兴产业，在我国大体育、大健康发展过程中大有可为，不仅能促进人们的身心健康与疾病康复，而且可以满足人们不断增长的休闲需求。与此同时，休闲体育产业发展也受到了各地政府和业界的高度关注。近年来，国务院办公厅、国家体育总局等部门出台的《"健康中国2030"规划纲要》《关于加快健身休闲产业的指导意见》《体育强国建设纲要》《"十四五"体育发展规划》等多个文件，均指出要积极发展健身休闲产业。进一步，国务院印发了《关于加快发展体育产业促进体育消费的若干意见》，意见提出要将全民健身事业上升为国家战略。总之，休闲体育产业已为地区社会经济发展和人民生活水平提高提供了新动力、新抓手。

体育产业是满足人民群众对美好生活向往的朝阳产业、绿色产业、健康产业，是实现中国梦的重要内容，同时也能为中华民族的伟大复兴提供了凝心聚气的精神力量。党的十八大以来，以习近平同志为核心的党中央把体育事业放在了统筹推进"五位一体"总体布局、协调推进"四个全面"战略布局中去谋划和推动，强调把满足人民健身需求、促进人的全面发展作为体育工作的出发点和落脚点。全民健身国家战略为我国体育产业发展带来了新机遇，同时也为体育产业高质量发展提出了新要求、新挑战。《"十四五"体育发展规划》提出要从需求侧管理和供给侧改革两端发力，实现我国体育产业的高质量发展，以满足多样化的体育消费需求，创造多元化的体育产品供给。体育产业高质量发展对满足人们日益增长的精神文化需求具有重要作用，休闲体育产业高质量发展恰好可以满足新时代背景下人民需求从生存型向发展型、生活型、休闲型转变的需要,为体育产业高质量目标实现提供新的发展路径。

与此同时,我国休闲体育产业也存在龙头企业不到位、支撑体系不完善、地区发展不平衡、产业结构不合理、产业体系不健全、体制机制缺失、产业创新动力不足等产业生态问题,不仅一定程度上制约了休闲体育产业的持续、高质量发展,也加剧了人民日益增长的多元化、多层次体育休闲需求与休闲体育有效供给之间不平衡、不充分的矛盾。如何实现休闲体育产业的健康、快速与高质量发展成为产业界和学术界中一个亟须回答的重要议题。基于此,学术界对休闲体育产业进行了大量研究,并取得了丰硕成果,现有研究多集中于休闲体育产业的概念、内涵、特征等内容及案例运用,而对休闲体育产业的生态系统构成及其发展演化等内容的研究仍较为匮乏,尚不能对我国休闲体育产业实践活动进行有力和高效地指导。

本书核心内容包括四个方面:

第一,对休闲体育产业及休闲体育产业生态系统进行概念界定。首先,基于产业生态系统理论,对休闲体育产业生态系统的内涵及构成进行剖析;其次,运用文本分析和扎根理论分析整理休闲体育产业生态系统的影响因素,并分别从核心产业系统、产业内部环境、产业外部环境三个方面对其影响因素的作用机制进行探析,从而构建休闲体育产业生态系统的概念模型。

第二,对休闲体育产业生态系统的演化进行分析。首先,通过分析休闲体育产业生态系统演化的概念、演化过程以及我国休闲体育产业的发展现状来探究休闲体育产业生态系统的演化机理。其次,以系统动力学、计量经济学为主要工具,以"休闲体育产业产值"为核心变量,通过绘制因果关系图、流图、编写系统动力学方程式,构建我国休闲体育产业生态系统演化的 SD 模型。最后,运用 Vensim PLE 软件对 2010—2030 年的产业生态系统演化进行仿真分析,探讨变量在不同作用水平下对休闲体育产业生态系统演化趋势的影响。

第三,对我国休闲体育产业的高质量发展水平进行评价。在前文产业背景和学术文献回顾的基础上,进一步明确了休闲体育产业高质量发展的内涵和特征;在此基础上,依据系统性与独立性、动态性与可操作性、可获取性和可比性的基本原则从稳定性、协调性、创新性、高效性及可持续性五个维度构建了休闲体育产业高质量发展的评价指标体系。其次,利用熵值法对我国2008—2018年休闲体育产业高质量发展水平进行测度。

第四,对我国休闲体育产业生态系统的效率进行评价。首先,在前面所确定的休闲体育产业生态系统概念内涵的基础上,进一步明确休闲体育产业生态系统效率的内涵。其次,构建评价指标体系,利用 DEA – SBM 模型和 GML 指数,从静态和动态两个角度对我国30个省域(西藏、港澳台除外)及六大地区的休闲体育产业生态系统效率进行时间趋势和地域差异分析。最后,结合休闲体育产业生态系统内涵及数据可得性,选取13个能代表休闲体育产业生态系统效率的影响因素进行实证分析。

本书以产业生态系统理论为研究基础,以系统科学理论、系统动力学理论、生命周期理论为支撑,针对休闲体育产业展开了系统的研究和分析,极大地丰富了休闲体育产业现有研究成果,取得了如下创新性成果:

首先,丰富了休闲体育产业研究的理论框架与研究方法。本书将产业生态系统理论和方法应用到休闲体育产业的研究中,同时结合产业经济学、新制度经济学、自组织理论、共生理论、创新理论、演化理论等跨学科理论和方法,为休闲体育相关研究提供了新的方法选择和理论指导,同时构建了一个系统的休闲体育产业生态系统形成与发展分析新架构,为休闲体育产业的研究提供了新的研究思路。其次,构建了休闲体育产业生态系统概念模型。本书对休闲体育产业生态系统的概念内涵进行了分析,并从核心产业系统层、支撑环境系统层和产业外部环境系统层三个方面对休闲体育产业生态系统的构成要素进行全面了解,进而形成了完整的休闲体育产业生态系统概念模型。最后,全面分析了休闲体育产业生态系统的影响因素。休闲体育产业生态系统是一个复杂的巨系统,当前学术界众多学者均对其影响因素展开了研究,但大多较为分散和片面。为全面了解影响休闲体育产业生态系统运行的因素,本书在识别影响因素的过程中科学使用定性分析方法,全面检索休闲体育产业生态系统的影响因素并进行相应的甄别与剔除,使休闲体育产业生态系统的影响因素既符合产业发展的普适性需求,又具有休闲体育产业的独有发展特征。

本书具有以下理论和实践价值:首先,从产业生态系统角度出发,对休闲体育产业展开系统研究,构建了休闲体育产业生态系统概念模型,以产业生态系统理论、系统动力学理论等理论为依托,科学深入地把握休闲体育产业生态系统的构成及其运行机制，夯实休闲体育产业研究基础。其次，构建休闲体育产业生态系统影响因素体系，运用文本分析、扎根理论等质性研究方法系统梳理休闲体育产业生态系统影响因素，并以其构成为基础对影响因素进行归纳与整合，为后续评价指标体系的构建搭建基础。

实践价值方面，首先，通过构建有效的休闲体育产业生态系统演化模型，科学把握休闲体育产业演化规律，分析其演化机制，并应用演化经济学理论和方法，对休闲体育产业系统运行和演化进行大规模跟踪调研，了解我国今后10年休闲体育产业的发展态势，可为后续相关政策的制定提供参考。其次，通过对休闲体育产业高质量发展水平、系统效率评价及影响因素实证分析，了解到我国各省、市、区休闲体育产业发展的薄弱环节，从而能有针对性地提出促进我国休闲体育产业高质量、可持续发展的举措，为政府部门和相关企业的决策提供一定的参考。

本书是"基于产业生态系统理论的我国休闲体育产业发展研究"课题组集体智慧的结晶。课题负责人弓志刚教授负责思路设计、框架构建、全书统稿工作。周成副教授负责课题研究组织以及第一章、第八章撰写，并参与了统稿。田娟负责第二章、第三章撰写，并参与了统稿。此外，张钰、赵红梅、吴康会、范洁、高乐、李艳芬等团队成员参与本书其他章节撰写。

本书撰写成稿参考了国内外大量研究资料和参考文献，同时也离不开课题组各位老师和同学的共同努力，在此表示由衷的感谢。此外，由于水平和精力有限，本书中难免仍存在一些缺陷和疏漏，在此深表歉意，恳请读者批评指正。

目 录

第一章 绪论 ··· 1

    第一节 研究背景与研究意义 ··· 3

    第二节 研究目标与研究内容 ··· 5

    第三节 研究方法与技术路线 ··· 7

    第四节 本书的创新之处 ··· 9

第二章 国内外研究进展 ··· 11

    第一节 休闲体育产业研究 ·· 13

    第二节 产业生态系统研究 ·· 21

    第三节 国内外研究评述 ··· 28

第三章 休闲体育产业生态系统理论模型构建 ·························· 31

    第一节 休闲体育产业生态系统内涵分析 ··························· 33

    第二节 休闲体育产业生态系统的构成 ······························ 35

    第三节 休闲体育产业生态系统影响因素分析 ····················· 39

第四章 休闲体育产业生态系统演化分析 ································ 53

    第一节 休闲体育产业生态系统演化机理 ··························· 55

    第二节 休闲体育产业生态系统演化模型构建 ····················· 73

    第三节 休闲体育产业生态系统演化的仿真分析 ·················· 83

    本章小结 ··· 106

第五章 休闲体育产业高质量发展评价研究 ···························· 107

    第一节 休闲体育产业生态系统高质量发展研究基础 ··········· 109

第二节　休闲体育产业生态系统发展评价实证分析 ………… 119
　　本章小结 ……………………………………………………… 127

第六章　休闲体育产业生态系统效率研究 …………………… 129
　　第一节　休闲体育产业生态系统效率评价研究基础 ………… 131
　　第二节　休闲体育产业生态系统效率评价实证分析 ………… 138
　　第三节　休闲体育产业生态系统效率影响因素实证分析 …… 149
　　本章小结 ……………………………………………………… 158

第七章　基于产业生态系统的休闲体育产业发展策略 ………… 161
　　第一节　把握体系核心要素，促进产业供需匹配 …………… 164
　　第二节　注重外围环境要素，提供发展强力支撑 …………… 167

第八章　研究结论与未来展望 …………………………………… 171
　　第一节　主要结论 …………………………………………… 173
　　第二节　研究不足与展望 …………………………………… 175

参考文献 …………………………………………………………… 177

第一章 绪论

当前，我国已全面步入全民休闲健康新时代，休闲与健康日益成为人们追求的生活方式与价值理念。与此同时，我国休闲文化历史悠久，休闲体育活动类型多样、项目众多，不仅能满足人们日益增长的休闲需求，而且对于促进人们的身心健康与疾病康复具有重要作用。休闲体育产业作为新兴产业，对我国体育产业规模的发展壮大起着重要作用，为新时代我国大体育、大健康事业的发展以及体育产业高质量建设开辟了更加广阔的空间，也为我国体育强国建设和全民运动的开展提供了肥沃的土壤。

第一节 研究背景与研究意义

一、研究背景

休闲体育成为休闲时代人们的休闲新需求。新时代背景下，我国社会的主要矛盾已经转变成为人民日益增长的美好生活需要和不平衡不充分的发展之间的矛盾，基本的物质供应已经无法满足人民高水平的精神需要，消费者希望得到精神层面充实与满足的愿望越发强烈，而新时代的重要产物"休闲"恰好可以满足人民精神层面的需求，并且已经逐渐融入人民的生活，休闲与健康日益成为人们普遍的生活方式与价值理念。休闲体育产业作为新兴产业，不仅能满足人们不断增长的休闲需求，同时可以促进人们的身心健康与疾病康复，因而为新时代我国大体育、大健康事业的发展开辟了更加广阔的空间。休闲体育的出现一方面适应了休闲产业发展壮大的需要，另一方面也为人们日常生活中的休闲需求提供了多样化选择。一直以来，我国都是一个体育大国，而伴随着居民生活水平的提高和闲暇时间的增多，"休闲时代"迈进历史的舞台。截至 2020 年，我国经常参加休闲体育的人数达到 7 亿人，休闲体育成为人民的重要休闲方式之一，以其独有的文化价值和休闲功能为广大民众所接受。即使在新冠肺炎疫情常态化背景下，居家休闲体育运动也是广大居民的重要休闲方式之一。以"刘畊宏"为代表的众多线上体育健身教练风靡一时，全民运动氛围不断形成。

休闲体育产业发展上升为国家战略。休闲体育产业的发展也受到政府和业界的高度关注，近年来出台的《"健康中国 2030"规划纲要》《"十四五"

体育发展规划》《关于加快发展健身休闲产业的指导意见》《关于推动运动休闲特色小镇建设工作的通知》等政府文件中均强调要"积极发展健身休闲产业",为地区社会经济发展和人民生活水平提升提供新动力、新抓手。进一步,休闲体育产业实践也不负众望,蓬勃发展势头明显。2015—2020年,全国体育产业总产出从1.7万亿元增加至3万亿元,除2020年受新冠肺炎疫情影响外,多年来我国体育产业总产值增速始终维持在10%以上,远高于同期的GDP增速,2022年北京冬奥会的成功举办更加激发了全民的运动热潮。一系列政策的出台为休闲体育产业的发展注入了活力。2016年,经济高质量发展目标的提出又为我国休闲体育产业的发展指明了新方向,休闲体育产业迎来了重要的发展机遇期。

我国休闲体育产业发展质量亟待提高。我国休闲体育产业也面临着龙头企业不突出、支撑体系不完善、地区发展不平衡、产业结构不完善、产业体系不健全、体制机制缺失、部门配合不协调、创新意识缺乏等产业生态问题,这些问题不仅在一定程度上制约了休闲体育产业的可持续、高质量发展,导致休闲体育产业规模小、速度慢、质量低,同时也加剧了人民日益增长的多元化、多层次体育休闲需求与休闲体育有效供给之间不平衡、不充分发展的矛盾。

学界对休闲体育产业还缺乏系统的理论研究。如何实现休闲体育产业的健康、快速与高质量发展成为产业界和学术界亟须回答的重要议题之一。基于此,学术界针对休闲体育产业展开了大量研究,并取得了丰硕的成果,但现有研究多集中于休闲体育产业的概念、内涵、特征及案例运用等内容上,鲜少有研究从产业生态系统角度来把握休闲体育产业的发展态势;此外,对休闲体育产业的生态系统构成及其发展演化等研究也较为匮乏,尚不能对我国休闲体育产业实践活动进行较有力和高效地指导。因此,本书拟对我国休闲体育产业的生态系统构成、发展演化、高质量发展评价以及产业生态系统效率进行系统性研究,通过建构理论分析框架,来规划和制定我国及各区域休闲体育产业的发展战略、路径和政策措施。

二、研究意义

社会经济的发展促进了休闲产业的崛起,随着我国改革开放事业的不断发展，人们的思想观念发生了极大的转变，我国民众对待体育活动的态度一改往日的含蓄内敛状，转而接受并喜爱具有娱乐、健身、消遣、交际等作用的休闲体育，新时代休闲体育产业大有可为。因此，以产业生态系统理论为基础对我国休闲体育产业展开深入的研究，对推动我国体育产业和休闲产业的发展具有重要的现实意义。

理论意义：（1）本书将产业生态系统理论引入休闲体育产业的研究中，结合演化经济学、共生理论、创新理论等多学科的理论和方法，构建休闲体育产业的生态系统模型，完善了休闲体育产业的研究架构；（2）本书从市场主体、产业链、产业价值网络、产业创新体系、共生环境等理论分析休闲体育产业生态系统的形成过程、演化机制及评价体系，从而形成系统的休闲体育产业理论研究框架，进一步丰富和完善我国在休闲体育产业领域的研究内容。

实践意义：（1）本书构建的休闲体育产业生态系统模型、演化机制及评价体系将有助于政府和企业系统科学地把握休闲体育产业的本质和规律，全面了解我国休闲体育产业的发展现状与地域差异，从而指导政府进行产业规划和政策制定，指导企业进行战略规划和经营实践；（2）本书在研究结论的基础上，从主体培育、空间规划、产业链构建、产业集群培育等方面提出可行的发展模式、路径和政策建议，为政府和企业在之后的决策中提供一定的参考。

第二节 研究目标与研究内容

一、研究目标

本书以休闲体育产业为研究对象，从产业层面聚焦休闲体育产业的生态系统，并将其看作一个类似种群的生态群落体系，通过分析休闲体育产业生态系统的构成、运行机制、演化规律和发展评价，探索新时代促进中国休闲体育产业高质量发展的实现路径。研究目标有：

在理论上，通过构建休闲体育产业的生态系统概念模型、演化模型和发展评价指标体系，比较全面和科学地认识休闲体育产业生态系统的本质特征、发展规律、发展现状以及提升路径,进而形成休闲体育产业的理论研究体系,以达到丰富休闲体育产业的研究内容,拓展生态系统理论应用范围的目的。

在应用上,全面厘清我国休闲体育产业的发展现状和内外部环境,辨析各组成部分之间的内在逻辑关系,科学设计休闲体育产业的发展战略、运行模式和提升路径,以此促进我国休闲体育产业的可持续、创新性以及高质量发展,并为各地区休闲体育产业政府部门和相关企业提供决策性依据。

二、研究内容

本书以产业生态系统理论为基础对休闲体育产业展开研究,以系统科学理论、生命周期理论、系统动力学理论、科技创新理论等为支撑,系统分析了休闲体育产业生态系统的要素构成与运行机制、演化机制、高质量发展评价与效率评价,具体内容如下:

第一,研究现状,包括休闲体育产业的现实发展背景和国内外研究进展,即本书第一章、第二章内容。首先,本书从相关政策、产业规模、消费潜力、现存不足等方面分析休闲体育产业发展的背景,由此引出本书的研究意义和研究目标,并确定研究方法和研究内容。其次,分别从四个方面对国内外休闲体育产业和产业生态系统的研究进展进行分析,以寻找支撑本书研究内容的理论基础,并探究当前研究的重点内容和尚待填补的研究空白。

第二,研究基础,包括休闲体育产业生态系统的要素构成与运行机制研究,即本书的第三章内容。在对休闲体育产业生态系统概念内涵进行界定的基础上,对休闲体育产业的要素构成进行全面分析,剖析其产业生态系统的核心产业系统层(需求方和供给方)、产业支撑系统层(相关产业、金融产业、政府机构、科研机构)、产业外部环境(经济环境、社会环境、文化环境)。在此基础上运用文本分析法和扎根理论确定休闲体育产业生态系统运行的影响因素,并从核心产业系统层、产业支撑系统层及外部环境系统层三个方面分析其作用机制,为后文演化分析、高质量发展评价以及效率评价奠定良好的基础。

第三,研究重点,即本书第四章,休闲体育产业生态系统的形成过程与演化机制研究。首先，从历史演进的维度，解析我国休闲体育产业生态系统的形成和发展过程，厘清各发展阶段不同要素的集聚和存在特点，进而全面了解休闲体育产业生态系统中各类影响要素的作用机制和影响关系。其次，通过系统动力学模型，尝试构建我国休闲体育产业生态系统的演化系统模型，在深入分析各影响因素发展变化的基础上，探索休闲体育产业的生态系统演化规律和演化趋势。

第四，拓展研究，包括我国休闲体育产业生态系统的高质量发展评价与效率研究，即本书第五章、第六章内容。首先，在前文研究的基础上构建休闲体育产业高质量发展的评价指标体系，采用熵值法对特定时间段内休闲体育产业高质量发展水平进行测度，并对其五个细分维度的发展水平进行详细分析。其次，构建评价指标体系及测度模型，采用 DEA–SBM 模型和 GML 指数对我国 30 个省域、六大地区内的休闲体育产业生态系统绿色全要素生产率进行测度，并与全要素生产率进行对比，同时从静态角度和动态角度进行时间趋势分析和区域差异分析。

第五，研究归宿，即本书第七章内容，我国休闲体育产业发展的政策启示与发展方向。本书实证分析与理论架构的归宿点即为我国休闲体育产业提供实践指导，并指明未来产业发展方向。在前面系统性研究的基础上，从人才供给、资本投入、优化产业结构、培育新业态、产业链完善、科技创新和体制机制等方面，提出我国休闲体育产业健康发展的政策启示和未来发展方向。

第三节 研究方法与技术路线

一、研究方法

本书结合产业生态系统理论、演化经济学、创新理论、系统动力学等学科理论和方法，探索以产业生态系统为基础的我国休闲体育产业的发展情况：

第一，文献梳理与文献计量法。利用国内外网络资源数据库、搜索引擎、行业和专题网站、图书报刊检索等手段对国内外研究成果进行文献调研，全面把握产业生态系统和休闲体育产业相关理论研究和实践创新的前沿,并通过直观的数据和图表全方位多角度展现我国休闲体育产业的发展现状,为构建本书休闲体育产业生态系统的理论研究框架奠定基础。

第二,理论归纳法。从理论层面归纳、分析和界定休闲体育产业生态系统的概念内涵和组成部分,通过研读休闲体育产业生态系统的相关文献,运用文献归纳法和扎根理论归纳梳理出休闲体育产业生态系统的影响因素,为全书奠定扎实的理论基础。

第三,系统动力学分析方法。应用产业生态系统理论、产业经济学、演化经济学、共生理论、创新理论等相关理论和系统动力学方法,构建休闲体育产业生态系统演化模型,运用搜集并整理的我国休闲体育产业相关指标数据进行模拟、验证,对休闲体育产业的发展趋势以及政策模拟进行仿真,详细分析休闲体育产业生态系统演化机制和规律。

第四,发展评价与效率分析法。建立多维度的休闲体育产业高质量发展的评价指标体系,并采用熵值法对我国 2008—2018 年的高质量发展水平情况进分析。在效率实证研究方面,采用 DEA-SBM 模型和 GML 指数测度我国 30 个省域、六大地区休闲体育产业生态系统 2010—2016 年的效率值,并从静态和动态两个角度进行时间趋势分析和空间差异分析。

二、技术路线图

本书将产业生态系统理论引入休闲体育产业研究中,从我国休闲体育产业的发展现状和存在问题入手,对其生态系统构成、运行机制、演化机制等内容给予理论研究和实证研究。首先,在借鉴现有研究成果的基础上,应用产业系统理论、演化理论等相关理论和方法,结合调查研究,剖析休闲体育产业生态系统构成及其运行机制;其次,构建休闲体育产业生态系统的演化模型,深入研究休闲体育产业生态系统的形成、演化机制和演化规律;再次,通过构建评价指标体系,对我国休闲体育产业高质量发展水平和休闲体育产业生态系统效率进行评价,以期掌握我国休闲体育产业的整体发展水平;最后,尝试提出促进我国休闲体育产业发展的政策建议和未来发展方向。具体研究思路如图 1-1 所示。

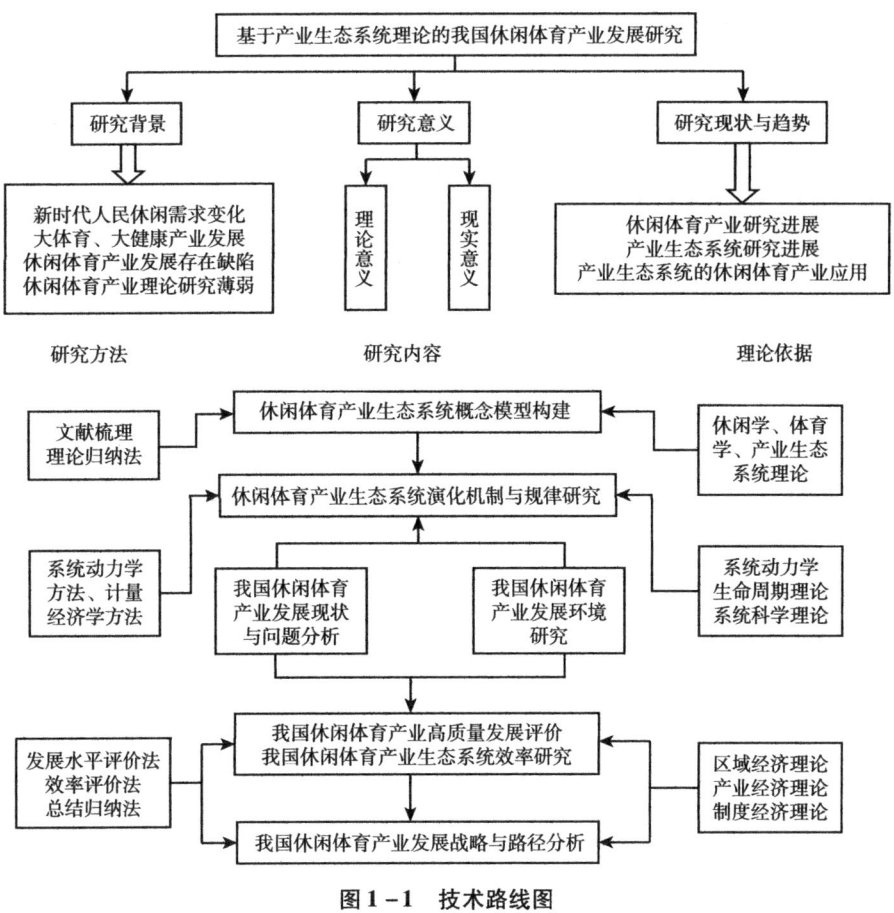

图1-1 技术路线图

第四节 本书的创新之处

本书可能的创新之处有以下三点：

第一，在学术思想上，区别于现有研究成果从微观层面或宏观层面的研究，本书从中观产业层面运用产业生态系统的理论将休闲体育产业看作一个生态系统，从系统的内涵、构成、运行机制三个方面构建理论模型。

第二，研究内容上，本书对休闲体育产业生态系统演化、休闲体育产业高质量发展和休闲体育产业生态系统效率的内涵和特征进行了界定和分析，并系统分析了休闲体育产业生态系统的影响因素，构建了相应的演化模型和评价指标体系,对休闲体育产业生态系统的研究内容进行了极大的丰富。

第三,研究架构上,本书将产业生态系统理论和方法应用到休闲体育产业的研究中,同时结合产业经济学、新制度经济学、自组织理论、共生理论、创新理论、演化理论等跨学科理论和方法,构建一个系统的休闲体育产业生态系统形成与发展分析新架构,并为休闲体育产业的研究提供了新的研究思路。

第二章

国内外研究进展

第二章

鉴此古知代科国

第一节 休闲体育产业研究

第二次世界大战之后,西方发达国家的经济快速发展,民众物质生活得到满足,与此同时,社会对精神愉悦的需求也开始增加,大众的消费观念逐渐由"花钱买温饱"转向"花钱买健康,花钱买快乐",休闲开始走进人们的视野并受到人民的广泛关注,在此背景下休闲体育产业萌生,并逐渐发展成为衡量社会文明和一国生产力发展水平的重要标志。与此同时,学术界对休闲体育产业的研究内容也在不断丰富,研究视角不断拓展,主要包括以下四个方面:休闲体育产业概念内涵、休闲体育产业发展动力、休闲体育产业相关价值和休闲体育产业实践应用等。

一、休闲体育产业概念内涵

"休闲时代"的到来使"Leisure Sport"作为一种重要的休闲方式开始受到人们关注,美国学者凡伯伦(1899)最先从经济学角度研究休闲[①],凯里(1981)将休闲理解为一种"成为人"的过程[②],随后与杜马蒂耶(1908)的"三功能理论"、凯里(1912)的"休闲形态理论"等共同构成了较为完整的休闲理论体系[③]。随后,休闲体育开始逐渐兴起,卢元镇(1982)针对消遣与娱乐展开了讨论,提出了休闲体育概念雏形[④];随后产生了余暇运动(程志理,1990)[⑤]、余暇体育(刘一民,1995)[⑥] 等概念;双桥(1995)最早采用了休闲体育的概念,运用休闲体育一词来描述以增强体质为基本特征的休闲活动[⑦]。

---

① [美]凡伯伦. 有闲阶级论:关于制度的经济研究[M]. 蔡受百,译. 北京:人民出版社,1964:13.
② Kelly J. R. Leisure Interaction and the Social Dialectic [J]. Social Forces, 1981, 60 (02): 304-322.
③ 杨广琪. 温州市运动休闲产业发展路径研究[D]. 温州:温州大学, 2019.
④ 卢元镇. 关于体育科学体系与科学属性探讨情况简介[J]. 体育科学, 1982 (04): 39-41.
⑤ 程志理. 奥林匹克运动与青年[J]. 广州体育学院学报, 1990 (01): 102-105.
⑥ 刘一民. 体育与余暇生活方式[J]. 体育科学, 1995 (02): 18.
⑦ 双桥. 为休闲体育开道[J]. 体育世界, 1995 (01): 1.

此后，学者们从不同的视角对休闲体育产业进行了分析，张利等（2007）①、张毅等（2007）②从体育产业的角度出发，认为休闲体育产业是体育本体产业，包括健身娱乐业、体育竞赛表演业、体育文化休闲业、体育旅游业等。杨晓晨等（2009）从休闲体育消费需求的角度出发，提出休闲体育产业是为满足人们的休闲体育需求，以提供休闲体育产品为核心，以人们的休闲体育消费为市场的综合性产业③。ÁgnesSzabó（2013）以开展休闲体育活动的目的为中心，得出休闲体育与运动场所无关，但是在运动期间或者运动后要达到身心健康的效果④。韩国学者金钟（2004）将体育休闲产业细分成体育服务、体育设施、体育产品三个行业，并强调体育旅游业的重要性⑤。郑桂凤等（2010）以产业关联理论为视角将休闲体育产业分为主体产业和相关产业，提出休闲体育产业是指以开发具有休闲体育价值为功能的经济活动的企业集合或系统⑥。周文和曾志坚（2007）进一步将休闲体育产业囊括的范围扩大，认为休闲体育产业是社会各部门提供的与休闲体育密切相关的产业领域，它包括与体育活动有关的一切产品和服务，以及与这些产品和服务相关的所有的经营活动的总和⑦。随着研究的不断深入，学者们的研究角度也不再拘泥于休闲和体育两门学科当中，他们开始从哲学（张锐和李荑，2014）⑧、社会学（张慧升，2015）⑨、经济学（吴承忠，2008）⑩等多个角度对休闲体育产业的概念内涵予以诠释。虽然目前国内外对休闲体育产业概念内涵的界定并未达

---

① 张利，丁亚兰. 我国社会体育发展的经济条件［J］. 阜阳师范学院学报（社会科学版），2007（06）：102 – 104.
② 张毅，刘向东. 发展我国农村休闲体育产业的对策思考［J］. 经济纵横，2007（10）：34 – 37.
③ 杨晓晨，李宗浩，梁强. 休闲体育产业生态系统分析与竞争战略选择［J］. 北京体育大学学报，2009，32（03）：25 – 28.
④ Szabó Á. What Values do Leisure Sports Create and What is Their Relationship to Competitiveness?［J］. Physical Culture and Sport. Studies and Research，2013，60（01）：40 – 51.
⑤ ［韩］金钟. 韩国体育与休闲产业概述［J］. 第二届社会体育国际论坛，2004：22 – 23.
⑥ 郑桂凤，蔡宝家，邹丽宝，韩宝娟. 休闲体育产业界定刍议［J］. 体育科学研究，2010，14（04）：59 – 63.
⑦ 周文，曾志坚. 论小康社会我国休闲体育产业的效应与对策［J］. 商场现代化，2007（17）：258 – 259.
⑧ 张锐，李荑. 休闲体育的精神与追求——源于哲学的思考［J］. 北京体育大学学报，2014，7（07）：12 – 17.
⑨ 张慧升. 休闲体育发展的社会学分析［J］. 当代体育科技，2015，5（06）：190 – 191.
⑩ 吴承忠. 奥运城市发展旅游与体育休闲产业经验［J］. 城市问题，2008（05）：53 – 58.

成一致，但可以看出学术界越来越倾向于采用大范畴的概念界定。同时对休闲体育产业范围的界定正在逐渐扩大。

在了解了休闲体育产业的概念内涵后，学者们开始更深入的挖掘休闲体育产业的特征，邹本旭等（2011）认为休闲体育产业是体育产业中的一部分，具有第三产业的本质属性，而又因其赋予了休闲的价值观念，所以更具有市场化的产业特征；其具体特征包括产业素质特征、产品经济特征、休闲需求特征、消费者特征等[1]。王先亮等（2015）通过理论与实证研究得出：休闲体育产业具有消费与生产同时性、产业融合性、体育特色等特征[2]。刘全等（2017）认为休闲体育是社会发展到一定阶段的产物，休闲体育具有时尚性、国际性、组织性、和谐性等特征[3]。陈刚和吴兵成（2018）进一步指出在新时代背景下，休闲在需求、方式、载体等方面发生了深刻变化，休闲体育产业的特征呈现自然生态性、地域多样性、挑战性、体验性、康复性等特征[4]。任慧和李春雷（2011）指出休闲体育产业作为一个与外界多重行业共存的生态系统，具有典型的网络组织特性和天然的中间性特性[5]。

二、休闲体育产业发展动力

休闲体育产业的发展会受到一些因素的推动作用，休闲体育产业所处的环境、休闲体育产业相关政策与制度的制定情况、休闲体育实际参与者的认知情况等都会对其发展产生影响（Diana Moss，2008）[6]。其中，地区相关政策的出台和社会经济的发展会对休闲体育产业的发展起到推动作用（刘全

---

[1] 邹本旭，李爱云，宋志强. 我国休闲体育产业发展的 SCP 范式分析 [J]. 沈阳体育学院学报，2011，30（06）：36-39.

[2] 王先亮，杨磊，任海涛. 我国休闲体育产业的特征及布局 [J]. 体育学刊，2015，22（02）：42-46.

[3] 刘全，张勇，王志学. 现代休闲体育的特质、发展态势及策略研究 [J]. 北京体育大学学报，2017，40（11）：22-27.

[4] 陈刚，吴兵成. 体育休闲：不休，不闲——基于江苏休闲体育产业发展实践探索 [J]. 体育学研究，2018，1（04）：1-7.

[5] 任慧，李春雷. 我国休闲体育产业价值链构造及延伸路径研究 [J]. 天津体育学院学报，2011，26（01）：15-18.

[6] Diana Moss. Regional Leisure Sports Networks Competition and the Consumer [J]. Little League Communications Division，2008（14）.

等，2017）①；产业化水平不高、产业互动融合发展不足、休闲体育产业专业的管理人才不足等都会抑制休闲体育产业的发展（张扬和买毅强，2017）②。而进入信息化时代后，互联网在休闲体育产业的发展过程中也起着关键作用，互联网技术的发展将会推动休闲体育产业朝着多元跨界融合、技术手段不断创新、产业结构不断优化、信息互联互通的方向发展（李东鹏等，2017）③。部分学者从消费者的角度切入，Kirstin Hallmann 等（2017）在家庭经济理论的指导下进一步通过实证分析证明休闲体育产业发展的决定因素有时间、收入以及人力资本等④；ÁgnesSzabó（2013）则提出相较于时间和金钱而言，态度直接影响了人们积极运动的倾向，从而对休闲体育产业的发展产生影响⑤。

  为了更好地发挥休闲体育产业对促进地区经济发展和提升人民幸福感方面的作用，部分学者开始以具体案例为对象进行研究。张冰（2013）从政府作用、地区经济、人口情况、体育资源四个方面入手，建立并完善综合实力的评价指标体系，全面评价休闲体育产业综合实力；并运用因子分析，对我国 13 个省份的休闲体育产业发展进行定量研究，得出我国休闲体育产业的发展受所处地理位置及经济发展水平的影响显著，并据此提出几点关于我国休闲体育产业发展的建议⑥。陈雯雯（2020）基于波特"钻石模型"理论构建上海市体育产业发展影响因素指标体系，包含了生产要素、需求条件、相关和支持性产业表现等因素，并运用灰色关联分析法对其进行影响程度排名⑦。陈晓璐（2020）则根据 GWR 模型，通过空间可视化对我国体育产业综合实力

---

① 刘全，张勇，王志学. 现代休闲体育的特质、发展态势及策略研究［J］. 北京体育大学学报，2017，40（11）：22 – 27.

② 张扬，买毅强. 中原体育文化产业发展探究［J］. 体育科技，2017，38（02）：109 – 110，115.

③ 李东鹏，梁徐静，邓翠莲. "互联网 +" 背景下休闲体育产业发展趋势、动力和创新路径研究［J］. 广州体育学院学报，2017，37（04）：33 – 36.

④ Kirstin Hallmann, Cristina MuñizArtime, Christoph Breuer, Sören Dallmeyer, Magnus Metz. Leisure Participation: Modelling the Decision to Engage in Sports and Culture［J］. Journal of Cultural Economics, 2017, 41（04）.

⑤ Szabó Á. What Values do Leisure Sports Create and What is Their Relationship to Competitiveness?［J］. Physical Culture and Sport. Studies and Research, 2013, 60（01）：40 – 51.

⑥ 张冰. 我国休闲体育产业综合实力的因子分析［J］. 湖北社会科学，2013（09）：75 – 78.

⑦ 陈雯雯. 基于灰色关联分析的上海市体育产业发展影响因素研究［D］. 上海：上海体育学院，2020.

的主要影响因素及演变趋势进行分析,得出相关产业对体育产业综合实力提升的影响效果大于社会环境、体育基础资源的影响[1]。

三、休闲体育产业相关价值

休闲体育产业的价值实现是体育产业长期发展的保障,而且其作为朝阳产业为我国社会的发展带来巨大效应。休闲体育产业具有社会文化性(Joe Maguire,1991[2];罗林和刘春来,2005[3];Denise Anderson,2009[4])、消费与生产同时性、产业融合性(王先亮等,2015)[5]、多元性(王畔领和李忠华,2006)[6]。就其社会价值而言,休闲体育产业对于人的自我实现和自由全面发展、健康生活方式的建立、生命质量的提高具有重要价值(肖焕禹,2010[7];郑锋等,2021[8]);在增强体魄、缓解压力、休闲娱乐和情感交流中发挥着重要作用(周红波和薛红文,2001[9];刘子众,2003[10]),在2019年新冠肺炎疫情暴发后的表现更为突出(Kim等,2020)[11];同时还能抵制精神污染,建立和谐的家庭关系和社会关系,增强社会凝聚力(王伟强,2018)[12]。就其经济价值而言,休闲体育产业已成为一个民众休闲运动,并形成相应的设施、文

---

[1] 陈晚璐. 中国体育产业综合实力的空间差异与影响因素研究[D]. 南昌:南昌大学,2020.

[2] Joe Maguire. Towards a Sociological Theory of Sport and the Emotions:A Figurationgal Perspective [J]. International Review for the Sociology of Sport,1991,26(01):25-35.

[3] 罗林,刘春来. 对我国休闲体育发展的几点理性思考——从文化、经济和教育的角度[J],中国体育科技,2005(06):26-28,136.

[4] Denise Anderson. Adolescent Girls' Involvement in Disability Sport:Implications for Identity Development [J]. Journal of sport & Social Issues,2009,33(04):427-449.

[5] 王先亮,杨磊,任海涛. 我国休闲体育产业的特征及布局[J]. 体育学刊,2015,22(02):42-46.

[6] 王畔领,李忠华. 论休闲体育产业的发展趋势及时代特征[J]. 体育文化导刊,2006(09):53-54.

[7] 肖焕禹. 休闲体育的演进、价值及其未来发展取向[J]. 上海体育学院学报,2010,34(01):6-11.

[8] 郑锋,尹碧昌,胡雅静. 新时代休闲体育的价值意蕴与实践理路[J]. 西安体育学院学报,2021,38(03):322-326.

[9] 周红波,薛红文. 休闲体育·大众健身·社会发展[J]. 辽宁体育科技,2001(03):70.

[10] 刘子众. 中西方休闲体育之差异[J]. 体育学刊,2003,10(04):34-36.

[11] Kim Y J,Cho J H,Park Y J. Leisure Sports Participants' Engagement in Preventive Health Behaviors and Their Experience of Constraints on Performing Leisure Activities During the COVID-19 Pandemic [J]. Frontiers in Psychology,2020(11).

[12] 王伟强,谢冬兴. 组织生态学下珠三角绿道体育休闲业非均衡性协同发展研究[J]. 山东体育学院学报,2018,34(03):70-76.

化、服务与物质产品的庞大产业链（王伟强，2018），在提高经济效应（杨磊和时传霞，2017）①和产业竞争力（赵乐发和李军岩，2017）②、增加就业机会、带动社会消费、促进人才培养等方面发挥着重要作用（王伟强和谢冬兴，2018③；刘洋和王家宏，2016④）；同时可以使个人和企业在发展过程中更具竞争力（ÁgnesSzabó，2013）⑤，并且可以加快全面建设小康社会的进程（金宗强，2005）⑥。

四、休闲体育产业实践应用

随着休闲体育产业理论研究的逐渐深入，学者们开始深入实践应用来研究休闲体育产业。从研究对象来看，主要以国家和区域休闲体育产业的发展情况为主。国家层面相关研究方面，周宁（2017）⑦、薛文忠（2019）⑧等均认为我国的休闲体育产业尚处于起步阶段，在投资、产值等方面与发达国家存在一定差距，城乡差距过大、体育设施分布不均等一系列问题阻碍了我国休闲体育的发展；尹永佩等（2018）创造性地提出了国际体育城市的评价指标⑨；Andrea Gál（2010）选取匈牙利作为研究对象，以其在第29届北京奥运会上的表现为切入点，着重分析了匈牙利在精英体育与休闲体育两大领域的发展现状⑩；陈新生和邵金英（2012）则对我国珠三角城市群休闲体育产业

---

① 杨磊，时传霞. 休闲体育产业的经济效应和演进规律 [J]. 山东体育学院学报，2017，33（04）：20 - 25.

② 赵乐发，李军岩. 当前我国休闲体育产业竞争力提升的障碍性因素分析 [J]. 沈阳体育学院学报，2017，36（04）：31 - 35.

③ 王伟强，谢冬兴. 组织生态学下珠三角绿道体育休闲业非均衡性协同发展研究 [J]. 山东体育学院学报，2018，34（03）：70 - 76.

④ 刘洋，王家宏. 休闲体育专业人才培养的问题与改革探索 [J]. 北京体育大学学报，2016，39（11）：104 - 111.

⑤ Szabó Á. What Values do Leisure Sports Create and What is Their Relationship to Competitiveness? [J]. Physical Culture and Sport. Studies and Research，2013，60（01）：40 - 51.

⑥ 金宗强. 休闲体育产业在全面建设小康社会中的作用与发展背景分析 [J]. 体育科技文献通报，2005（12）：28 - 29.

⑦ 周宁. 我国休闲体育产业现状分析研究 [J]. 经济研究导刊，2017（18）：32 - 33.

⑧ 薛文忠. 新时代我国休闲体育发展的瓶颈与突破 [J]. 体育学刊，2019（03）：45 - 49.

⑨ 尹永佩，唐文兵，姜传银. 创建国际体育城市的评价指标研究——以上海为例 [J]. 武汉体育学院学报，2018，52（04）：24 - 31.

⑩ Andrea Gál. Elite Sport and Leisure Sport in Hungary：The Double Trouble [J]. Physical Culture and Sport. Studies and Research，2010（49）.

的发展背景和优势进行了全面分析[①]。

省际层面相关研究中,学者们探讨了广西西江经济带(王凯,2017)[②]、海南省(赵云鹏,2017)[③]、河北省(吴静祎等,2010)[④]、山西省(韩翠仙,2017)[⑤] 等地区休闲体育产业的现状和问题,并针对性地提出开发模式及策略;市域层面相关研究中,珠海市(庄丽,2016)[⑥]、烟台市(黄义军和林腾,2013)[⑦]、杭州市(凌平和童杰,2010)[⑧]、上海市等经济发达地区得到了学者们的青睐;其中,陆小聪和吴永金(2018)分析了上海市中间阶层休闲体育的参与情况[⑨];郭修金(2013)并对其休闲体育时空进行调控设计与规划整合提出建议[⑩];单凤霞(2022)从供给、需求、环境、运行四个子系统出发对成都、杭州和武汉三市的城市休闲体育系统进行评价分析[⑪]。

休闲体育产业的融合发展研究也是一大重点,旅游业与休闲体育业具有较强的关联性和紧密的融合性,两者的融合能够提高产业的服务水平(Des Thwaites)[⑫],促进休闲体育产业和旅游业的发展(徐雯雯,2018)[⑬],5G 时代

---

① 陈新生,邵金英. 珠三角城市休闲体育产业发展背景与优势分析 [J]. 广州体育学院学报,2012,32(04):67-71.

② 王凯. 广西西江经济带休闲体育产业资源开发研究 [D]. 桂林:广西师范大学,2017.

③ 赵云鹏. 海南休闲体育产业的研究 [D]. 北京:首都体育学院,2017.

④ 吴静祎,闫琳琳,刘荣,尚金奎. 河北省休闲体育产业发展现状的调查与分析 [J]. 河北工业大学学报(社会科学版),2010,2(03):92-96.

⑤ 韩翠仙. 消费升级背景下山西省休闲体育产业发展研究 [D]. 太原:山西财经大学,2017.

⑥ 庄丽. 简谈珠海市休闲体育服务产业发展现状与对策研究 [J]. 青少年体育,2016(03):137-138,83.

⑦ 黄义军,林腾. 烟台市滨海休闲体育产业的发展研究 [J]. 山东体育科技,2013,35(02):38-41.

⑧ 凌平,童杰. 杭州市休闲体育产业发展透视 [J]. 上海体育学院学报,2010,34(01):29-33.

⑨ 陆小聪,吴永金. 上海市中间阶层体育休闲参与及其国际比较 [J]. 首都体育学院学报,2018,30(01):10-17.

⑩ 郭修金. 休闲城市建设中休闲体育时空的调控设计与规划整合——以杭州、上海、成都为例 [J]. 上海体育学院学报,2013,37(02):30-33,48.

⑪ 单凤霞. 我国城市休闲体育系统的理论构建与运行实践——基于对杭州,武汉和成都三市的调查 [J]. 体育学刊,2022,29(04):6.

⑫ Des Thwaites. Closing the Gaps: Service Quality in Sport Tourism [J]. Journal of Services Marketing,1999(13):500-516.

⑬ 徐雯雯. 崇明岛休闲体育与旅游融合发展研究 [D]. 上海:上海体育学院,2018.

智慧体育旅游助力二者的融合发展迈向新台阶（Liang F 等，2021）①。钟菊华（2015）同样认为休闲体育与旅游都是休闲的一部分，并提出了四川省休闲体育产业与旅游产业的融合模式②。此外，学者们基于产业融合视角，将休闲体育产业与康养产业（陈巧，2017）③，文化产业（问寻，2018）④，休闲农业（曹庆荣和齐立斌，2017）⑤ 等进行融合与协同发展研究，为地区的休闲体育产业发展提供依据。除此之外，"休闲体育特定群体"也是近几年研究的热点，比如农民工（吴晓阳等，2015）⑥、老年人（王红英和翟英姿，2015）⑦、女性（熊欢，2012）⑧、成年人（Georgian 和 Lorand，2015）⑨、儿童、青少年（S. Mäkelä, S. 等，2017）⑩ 等体育行为的研究不断增多，高校体育类专业的未来发展以及专业人才培养也逐渐成为专家关注的重点（宋强，2018⑪；韩璐，2018⑫；王定宣，2017⑬）。

---

① Liang F, Mu L, Wang D, et al. A New Model Path for the Development of Smart Leisure Sports Tourism Industry Based on 5G Technology [J]. IET Communications, 2021.

② 钟菊华. 四川省休闲体育产业与旅游产业融合模式研究 [J]. 西南师范大学学报（自然科学版），2015，40（08）：147－151.

③ 陈巧. 四川省休闲体育与康养产业融合的发展研究 [J]. 当代体育科技，2017，7（17）：220－221.

④ 问寻. 基于互联网＋视角的西安市休闲体育文化产业发展策略研究 [D]. 西安：西安体育学院，2018.

⑤ 曹庆荣，齐立斌. 农村休闲体育资源开发的产业链与生态链耦合模式——基于体育资源嵌入休闲农业视角 [J]. 成都体育学院学报，2017，43（04）：39－45.

⑥ 吴晓阳，于海涛，李志向，张卫星. 农业转移人口休闲体育参与现状与对策——基于山东省的调查数据分析 [J]. 体育科学，2015，35（04）：30－41.

⑦ 王红英，翟英姿. 上海市老年人休闲体育参与的现状调查与研究 [J]. 沈阳体育学院学报，2015，34（01）：61－65.

⑧ 熊欢. 中国城市化进程中女性休闲体育的兴起 [J]. 体育学刊，2012，19（06）：16－21.

⑨ Georgian B, Lorand B. The Reasoning of Practicing Leisure Sports Activities in the Improvement of the Physical and Health Condition, in Adults [J]. European Physical Journal Plus, 2015, Volume Special.

⑩ S. Mäkelä, S. Aaltonen, T. Korhonen, R. J. Rose, J. Kaprio. Diversity of Leisure－time Sport Activities in Adolescence as A Predictor of Leisure－time Physical Activity in Adulthood [J]. Scandinavian Journal of Medicine & Science in Sports, 2017, 27（12）.

⑪ 宋强. "十二五"期间我国体育学类本科新增专业分析与"十三五"发展展望 [J]. 体育学刊，2018，25（04）：99－104.

⑫ 韩璐. 广东省高职院校体育类专业发展现状与对策 [J]. 体育学刊，2018，25（04）：110－115.

⑬ 王定宣. 中国休闲体育专业人才需求与培养现状调查研究 [J]. 广州体育学院学报，2017，37（04）：29－32.

第二节 产业生态系统研究

产业生态是从生态学的自然生态概念中引出来的仿生概念。目前,生态学理论在产业经济学领域应用广泛,其产业生态研究主要是在借鉴生态学的概念、原理的基础上,综合运用多学科的方法和理论,研究各种产业现象。产业生态系统是在产业生态理论的基础上,借鉴自然生态系统建立的产业之间的一种新型的动态的物质循环系统,其作为产业生态学的研究对象,是生态学、经济学、环境科学、系统工程等学科的研究热点,旨在解决产业与环境的关系问题,形成一个以自然生态系统为参照的健康和谐的产业发展模式,是目前国内外学者研究的热点,研究成果主要聚焦产业生态系统的定义及特征、效率及实践等方面。

一、产业生态系统概念研究

Frosch 和 Gallopoulos(1989)最早提出产业生态系统(Industrial Ecosystems,IE)的概念,试图让产业系统模拟自然生态系统中的互利共生关系,在不同企业间构建与自然生态系统类似的和谐共生系统[1]。Jelinski(1992)在其成果中也提到"通过模拟自然生态系统来建立产业生态系统"[2]。Cote 和 Hallt(1995)认为产业生态系统能够降低生产、物质和能量流动的成本,提高运行效率,使自然和经济资源实现循环高效利用[3]。Ehrenfeld 和 Gertle(2010)进一步指出:通过仿效自然生态系统研究产业和企业的发展是实现产业可持续发展的有效途径[4]。A. J. D. Lambert 和 F. A. Boons(2006)等则把产业生态系统分为具有明显区别的两类:一类是以某一企业为主体,进行大规模资源开发或集成制造而构建的复合型工业生态系统;另一类是以某一类相

---

[1] FROSCH R A,GALLOPOULOS N E. Strategies for Manufacturing [J]. Scientific American,1989,261 (03):144 – 152.

[2] Jelinski L. W.,Graedel T. E.,Laudise R. A.,et al.. Industrial Ecology:Concepts and Approaches [J]. Proceedings of the National Academy of Sciences,1992 (89):793 – 797.

[3] Cote R. P.,Hall J. Industrial Parks as Ecosystems [M]. Dalhousie University,1995.

[4] Ehrenfeld J,Gertle N. Industrial Ecology in Practice:The Evolution of Inter Dependence at Kalundborg [J]. The Journal of Industrial Ecology,1997,1 (01):67 – 80.

关产业为主体构建的能够实现多种类型企业集群共生的产业生态系统，A. J. D. Lambert 把它称为"混合型产业生态系统"[①]。关于产业生态系统的内涵，持此类观点的学者更注重系统内要素在地理空间上的邻近及产业网络中物质、能量的流动，从而实现各类资源和副产品的高效利用及产业与环境的和谐发展。

关于产业生态系统的内涵，还有一类学者除强调系统内物质、信息、能量交换外，更加关注系统内各个要素之间的相互作用关系及产业发展与系统运行环境间的相互关系，拓展了产业生态系统的内涵。Lambert 和 Boons（2002）基于产业共生网络（Industrial Symbiosis，IS）提出产业生态系统是产业内各企业主体间为实现互利共生而组合在一起形成的系统性结构[②]。陈黎明（2016）将产业生态系统描述为一种复合系统，以产业系统为主体、以资源和环境系统为支撑、以社会系统为调控体系、以经济系统为运行平台、以生态产业网为组织形式、模仿自然生态系统的运作方式，实现物质、能量、信息、资金、知识、人才、价值的高效传递的特殊的社会—经济—自然的复合系统[③]。韩腾越（2016）将产业生态系统定义为一个闭合体系，在这个体系中包含了各司其职的生产要素，它们之间相互作用，互利共赢，其中包括生产者、供应商、分销商、客户以及整体环境等各类参与者，最终成功地将产品从产业链上游过渡到产业链下游，并且整个系统稳定发展，有条不紊[④]。

综上所述，虽然目前对产业生态系统的研究众多，但对产业生态系统的内涵的界定并未达成一致。但中心思想都是借鉴自然生态系统的运作方式，实现系统中各要素的相互联系、相互依赖、相互制约，最终达到提高产业生态效率、减少材料消耗和废弃物排放的目的。

二、产业生态系统特征研究

学者们对产业生态系统的特征进行了大量的研究，认为其包含综合性、整体性、层次性、区域性、开放性、异质性、循环性、共存性、主体性、经

[①] BASU A J, VAN ZYL D J A. Industrial Ecology Framework for Achieving Cleaner Production in the Mining and Minerals Industry [J]. Journal of Cleaner Production, 2006（14）: 299 – 304.

[②] Lambert A. Boons E Eco – industrial Parks: Stimulating Sustainable Development in MixedIndustrial Parks [J]. Technovation, 2002（08）: 471 – 484.

[③] 陈黎明. 基于绿色全要素生产率的产业生态经济系统优化研究 [D]. 南京: 东南大学, 2016.

[④] 韩腾越. 产业生态系统视角下物流企业商业模式演化过程研究 [D]. 大连: 东北财经大学, 2016.

济性、自组织性等特征（石建平，2005[①]；李云燕，2008[②]；陈黎明，2016[③]）。可以将其进一步总结概括为系统主体多样性、成员互动的协同进化性以及整个区域产业生态系统的稳定性，且这三大生态特性是相互关联、相互影响、相互促进的（张睿和钱省三，2009）[④]。其中，稳定性表现在：产业生态系统是不断演进的动态平衡系统，在产业体系中，各种类型的产业组织相互依存、相互竞争，优胜劣汰，使产业组织的数量、规模、类型不断发生变化。同时，经济社会发展变化，使产业系统赖以生存与发展的外部环境发生变化，因此产业系统必须适应这种变化以达到新的良性循环。产业生态系统也是经过了从简单到复杂、从低级到高级而发展和渐进的动态系统（芮明杰等，2010）[⑤]。主体多样性是维持区域产业生态系统稳定性的基础，主要表现在：产业生产的产品和提供的服务是多样的，系统中的结构组成和各组成之间的结构关系具有多样性，产业生态系统之间可以相互关联、相互依存，构成生态链（张晶和王丽萍，2012）[⑥]。主体间协同进化是系统稳定性的保障，主要表现在：生态系统中的生物之间、生物与环境之间存在着协同进化关系，一个物种的进化会改变作用于其他生物的选择压力，从而引起其他生物的适应性变化，而这种变化又会引起相关物种的进一步变化，从而推动整个生态系统的进化（于颖，2013）[⑦]。

三、产业生态系统效率研究

对产业生态系统效率进行研究具有重要意义，深入分析产业生态系统的效率水平有利于为我国经济增长方式转变、降低能耗、节能减排提供理论依据，同时优化产业结构，实现经济效益、社会效益、生态效益的协调统一，

[①] 石建平. 复合生态系统良性循环及其调控机制研究［D］. 福州：福建师范大学，2005.
[②] 李云燕. 产业生态系统的构建途径与管理方法［J］. 生态环境学报，2008，17（04）：1707 – 1714.
[③] 陈黎明. 基于绿色全要素生产率的产业生态经济系统优化研究［D］. 南京：东南大学，2016.
[④] 张睿，钱省三. 区域产业生态系统及其生态特性研究［J］. 研究与发展管理，2009，21（01）：45 – 50.
[⑤] 芮明杰，富立友，陈晓静. 产业国际竞争力评价理论与方法［M］. 上海：复旦大学出版社，2010.
[⑥] 张晶，王丽萍. 基于产业多样性与主导性协调的产业生态化实证研究［J］. 科技进步与对策，2012，29（09）：70 – 73.
[⑦] 于颖. 产业集群品牌生态系统协同进化研究［D］. 沈阳：辽宁大学，2013.

促进我国经济的可持续发展（鲍丽洁，2012）①。国内外学者对产业生态系统效率评价研究的方法多种多样，早期多采用生命周期法、能值分析法、生态效率评价法、模糊综合评价法、灰色层次分析法；现在则以DEA研究方法为主，如DEA - Malmquist、一阶段DEA、两阶段DEA、三阶段DEA、链式DEA、共享DEA、追加DEA等（方莹莹等，2022）②。在研究内容方面，对区域产业生态系统效率的评价一直以来都是学者们研究的重要内容，耿涌和王珺（2010）采用灰色层次分析法从产业经济、社会和生态环境三个方面，以大连为例对城市复合产业生态系统综合效率进行评价③。鲍丽洁（2012）构建资源消耗、环境输入、产业关联指标对基于产业生态系统的产业园区进行绩效评价④。张晶和王丽萍（2012）则进一步提出通过对城市产业生态系统进行研究，有利于其向高级产业生态系统进行演化，促进我国可持续发展⑤。随着研究的进一步深入，学者们开始将研究视角投向具体产业，如金融产业（李大龙，2015⑥）、互联网产业（张潇，2017⑦）、煤炭产业（刘耀，2018⑧）、知识产权产业（戴希兵，2018⑨）、海洋产业（李博等，2017⑩）、文化创意产业（王晓敏，2018⑪）、高新技术产业（尹洁等，2021⑫）等，通过对这些产业的生态系统效率研究，了解了产业发展状况，同时也为产业的高质量发展提供了指导意见。此外，在研究过程中学者们也开始深入研究不同阶段效率之间、不同阶段效率与整体效率之间的关系（尹洁等，2021）⑬，以及不同因

---

①④ 鲍丽洁. 基于产业生态系统的产业园区建设与发展研究 [D]. 武汉：武汉理工大学，2012.

② 方莹莹，刘戒骄，冯雪艳. 空间相关性、创新生态环境与高技术产业创新生态系统创新效率——基于中国内地23个省份的实证研究 [J]. 科技进步与对策，2022，39（03）：59 - 68.

③ 耿涌，王珺. 基于灰色层次分析法的城市复合产业生态系统综合评价 [J]. 中国人口·资源与环境，2010，20（01）：112 - 117.

⑤ 张晶，王丽萍. 基于产业多样性与主导性协调的产业生态化实证研究 [J]. 科技进步与对策，2012，29（09）：70 - 73.

⑥ 李大龙. 基于DEA的区域金融产业系统发展效率研究 [D]. 济南：山东财经大学，2015.

⑦ 张潇. 基于突变级数法的互联网供应链金融生态系统绩效评估 [J]. 商业经济研究，2017（24）：161 - 164.

⑧ 刘耀. 煤炭城市产业生态系统生态效率评估及其影响因素研究 [D]. 徐州：中国矿业大学，2018.

⑨ 戴希兵. 安徽省知识产权产业生态系统研究 [D]. 北京：中国科学技术大学，2018.

⑩ 李博，张志强，苏飞，韩增林. 环渤海地区海洋产业生态系统适应性时空演变及影响因素 [J]. 地理科学，2017，37（05）：701 - 708.

⑪ 王晓敏. 东北地区文化创意产业生态系统发展研究 [D]. 哈尔滨：哈尔滨师范大学，2018.

⑫⑬ 尹洁，刘玥含，李锋. 创新生态系统视角下我国高新技术产业创新效率评价研究 [J]. 软科学，2021，35（09）：53 - 60.

素与产业生态系统效率之间的相互关系（赵长轶等，2022）①，对产业生态系统效率的研究不断深入。

除对产业生态系统效率的评价研究之外，学者们目前也将一些关注点放在了对其影响因素的研究上。林宇和周慧（2017）提出山东半岛休闲体育产业生态系统受自然生态、社会生态、经济生态三个方面的影响，具体包括自然资源禀赋、区位条件、基础设施建设、居民休闲健身意识、收入水平、政策法规等因素②。邓华（2006）认为我国产业生态系统稳定性的主要影响因素包括政府支持、技术水平、成员多样性和关键性企业③。李博等（2017）发现环渤海地区海洋产业生态系统适应性受经济发展水平、产业结构、人力资本投入、技术水平等影响④。刘耀（2018）则通过研究得出煤炭城市产业生态系统效率的影响因素包括经济发展水平、产业结构、技术创新、市场化水平、政府政策⑤。与此同时，体育学界的学者们也展开了对体育产业效率影响因素的研究，他们认为从产业经营者角度来说，自然因素、经济区位、劳动力资源、服务业发展水平、城市化水平、金融发展水平等经济因素，社会资本存量、政策条件等社会因素影响着休闲体育产业的效率（蔡宝家，2007⑥；李丽梅，2018⑦）。而从消费者角度而言，闲暇时间、收入状况、文化水平（石振国等，2006⑧）、消费观念、生活方式（关金永，2011⑨）、休闲体育产品质量、宣传力度（陈钦，2012⑩）等因素都会影响休闲体育产业效率。

---

① 赵长轶，刘海月，邓金堂，张琴. 创新生态视角下对外技术引进与高技术产业创新效率关系 [J/OL]. 软科学，2022（10）：1-24.
② 林宇，周慧. 山东半岛休闲体育产业的产业生态与季间优化 [J]. 开发研究，2017（05）：124-128.
③ 邓华. 我国产业生态系统（IES）稳定性影响因素研究 [D]. 大连：大连理工大学，2006.
④ 李博，张志强，苏飞，韩增林. 环渤海地区海洋产业生态系统适应性时空演变及影响因素 [J]. 地理科学，2017，37（05）：701-708.
⑤ 刘耀. 煤炭城市产业生态系统生态效率评估及其影响因素研究 [D]. 徐州：中国矿业大学，2018.
⑥ 蔡宝家. 区域体育产业发展研究//中国体育科学学会. 第八届全国体育科学大会论文摘要汇编（一）[C]. 2007：269.
⑦ 李丽梅. 中国休闲产业发展评价、结构与效率研究 [D]. 上海：华东师范大学，2018.
⑧ 石振国，陈培友，田雨普，赵冀虎，孙冰川. 我国城市居民休闲体育社会影响因素调查分析 [J]. 武汉体育学院学报，2006（06）：59-63.
⑨ 关金永. 我国休闲体育的现状、影响因素及发展前景 [J]. 南昌教育学院学报，2011，26（03）：175-176.
⑩ 陈钦. 城市居民休闲体育活动的影响因素研究 [J]. 吉林体育学院学报，2012，28（02）：44-46.

四、产业生态系统演化研究

19世纪初,达尔文首次在《物种起源》中提出了"演化"一词,为生物进化论奠定了基础。在生物学研究领域,"演化"一词通常指的是物种在漫长的时间内逐渐改变和发展的过程。这个过程包括从简单到复杂、从低级到高级的特征和形态的变化,以及物种数量从少到多的增加。目前,学者对演化的概念没有一个统一的认知,不同学者对其的界定有着不同的视角,有过程论角度(Feistel,2000[①])、系统论角度(Hodgson,1993[②])、社会学角度(Hayek,1948[③])。而就系统而言,演化性是一个普遍性质,不同的系统都会经历孕育期、成长期、成熟期和衰退期四个阶段,且它们彼此之间发展速度均不相同,所以,系统演化被界定为:整个系统的各个方面,包括系统结构、特征、状态以及功能都会跟随着时间的推移而发生变化。一般认为可以将系统演化分为狭义系统演化和广义系统演化两类,第一种情况简单地被认为是从一种结构形态转变为另一种结构形态;第二种情况不仅包括第一种情况,而且还包括系统从无到有的形成,从不成熟到成熟状态的发展,还要经历系统的衰退,最后经历从有到无的毁灭等(张庆,2008)[④]。

在了解了系统演化的概念后,学者们开始着手研究产业生态系统的演化过程和机制。赵军(2014)认为产业生态系统与自然生态系统一样,需要通过一定的机制来实现发展,并且将演化机制分为内、外部机制和关键要素推动机制两个方面[⑤]。樊霞等(2018)依靠文献综述,揭露了创新生态系统必须经历以可持续发展、开放创新和协同创新为主题的演化规律[⑥]。赵希男等(2008)认为竞优活动体系在发生条件、过程和结果方面均表现出自组织特

---

① Feistel R J. Geography and evolution [J]. Economics Letters, 2000 (05).
② Hodgson G. Economics and Evolution: Bringing Life Back to Economics [M]. Cambridge: Polity Press, 1993.
③ Hayek F A. Individualism and Economic Order [M]. Chicago: University of Chicago Press, 1948.
④ 张庆. 旅游房地产系统演化与发展研究 [D]. 厦门:厦门大学, 2008.
⑤ 赵军. 生物能源产业生态系统的演化过程及动力机制研究 [J]. 中国生物工程杂志, 2014, 34 (10): 101–107.
⑥ 樊霞, 贾建林, 孟洋仪. 创新生态系统研究领域发展与演化分析 [J]. 管理学报, 2018 (01): 151–158.

征,并在此基础上,运用哈肯模型进一步分析竞优活动演化机制①。任大帅等(2018)则将复杂适应系统理论应用于创新生态系统研究中,并深入探讨了创新生态系统演化的竞争和协同两个机制②。而在研究过程中自组织理论(周叶和黄虹斌,2019③)和演化博弈论(谢识予,2001④;冯南平等,2014⑤,张国兴等,2015⑥)成为研究产业系统演化的重要分析工具。

分析产业生态系统演化的影响因素对于产业生态系统的发展具有重要作用。郭亮(2007)通过分析产业经济系统结构演进的一般模式,找出影响产业经济系统结构演进的主要影响因素有:环境、人口、技术进步、投资结构、就业结构⑦。宋燕飞等(2016)则基于创新生态系统和系统动力学理论,以上海汽车产业为例,探析政府引导、研发支出、产业投入等对产业生态系统发展的影响⑧。Pakarinen(2010)在对芬兰1890—2005年造纸产业的共生演化状态进行研究后发现,经济因素是芬兰林业产业趋向于共生合作模式的主要动因⑨。Siikavitra(2000)对日本的两个生态工业园Fujisawa和Kokubo进行了比较研究,认为Kokuboo生态产业园能成功的重要原因是:区域内的工业承租商会设法降低废弃物处理费用和能源成本,政府则主要以政策法规进行引导和辅助而不直接发挥作用。由此可以看出研究产业生态系统演化的影响因素对于产业的健康发展具有重要的指导意义⑩。

---

① 赵希男,温馨,刘炳东. 基于哈肯模型的竞优活动演化机制分析 [J]. 科技管理研究,2008,28(12):132-134,140.
② 任大帅,朱斌. 主流创新生态系统与新流创新生态系统:概念界定及竞争与协同机制 [J]. 技术经济,2018(02).
③ 周叶,黄虹斌. 战略性新兴产业创新生态系统自组织演化条件及路径研究 [J]. 技术与创新管理,2019,40(02):158-162.
④ 谢识予. 有限理性条件下的进化博弈理论 [J]. 上海财经大学学报,2001(05):3-9.
⑤ 冯南平,占李桢,张璐. 基于演化博弈的产业共生行为的研究 [J]. 合肥工业大学学报(自然科学版),2014,37(02):232-237.
⑥ 张国兴,方帅,汪应洛. 基于演化博弈的供应链协调机制分析 [J]. 决策参考,2015,15(12):45-49.
⑦ 郭亮. 产业经济系统结构演进的系统动力学模型研究 [D]. 大连:大连理工大学,2007.
⑧ 宋燕飞,尤建新,栾强. 汽车产业创新生态系统仿真与影响因素分析 [J]. 同济大学学报(自然科学版),2016,44(03):473-481.
⑨ Mattila S P T. Sustainability and Industrial Symbiosis—The Evolution of a Finnish Forest Industry Complex [J]. Resources, Conservation and Recycling, 2010, 12 (54): 1393-1404.
⑩ Siikavitra H. The 10th International Arctic Workshop in Industrial Engineering and Management [J]. Messiia: Messiia Industry Press, 2000: 18-22.

第三节　国内外研究评述

一、休闲体育产业理论研究亟待系统性整合

从现有研究来看，学者们对休闲体育的内涵并没有达成共识，比较常用的说法是休闲体育是人们在闲暇时期自愿进行的体育休闲活动。关于休闲体育产业的界定也较为模糊，未形成统一观点。对休闲体育产业研究主要从消费、生产、流通三个方面展开，而对休闲体育产业边界的研究较少涉及，对休闲体育产业的系统构成、运行机理、演化机制和演化规律等方面的研究较为欠缺。

就休闲体育产业发展动力和相关价值而言，目前学者们主要从休闲体育产业从业者和消费者等角度来展开研究，其中，相关政策、社会经济发展水平、产业化程度、产业专业人才、居民闲暇时间和体育活动参与意愿等都会对休闲体育产业的发展产生影响，而休闲体育产业会对社会文化、经济生活等都产生重要的价值，所以分析休闲体育产业的发展动力具有重要意义。但通过整合分析发现，当前关于休闲体育产业发展动力的研究内容较为分散和片面，缺少全面系统的分析，同时对各因素在休闲体育产业发展过程中所起作用的大小不够了解。

在对休闲体育产业进行了一定理论研究基础上，学者们开始将休闲体育产业理论运用到具体领域，如某一区域休闲体育产业的发展情况，某一具体人群参与休闲体育的行为，以及休闲体育产业与其他产业的融合发展情况等；研究内容逐渐完善和充实，但就研究视角而言仍主要集中于微观层面，对中宏观层面的休闲体育产业研究较为缺乏，研究结果的普适性较差，而且未形成系统全面的评价体系。

二、休闲体育产业生态系统研究缺位

当前学术界对于产业生态系统的研究成果颇丰，学者们从不同角度对产业生态系统的概念进行了界定，并且从系统主体多样性、成员互动的协同进化性以及整个区域产业生态系统的稳定性三个方面对其特征进行了研究，但

关于产业生态系统的概念界定并未统一，系统特征并未进行深入分析和挖掘。

对于产业生态系统的效率和演化的研究主要是从定义、评价方法、影响因素等方面切入，为产业生态系统的发展提供了一定的参考意义。但是目前在研究地区产业生态系统时多以单个省份或城市为研究对象，缺少全国层面的评价和对各省区之间发展差异的对比分析；且鲜有学者将休闲体育产业与产业生态系统进行融合研究，缺少对休闲体育产业生态系统的构成、发展特征、运行机理等方面的系统研究；此外，产业生态系统理论尚未在休闲体育产业的构成、演化规律等方面进行有效嵌入，不能对我国休闲体育产业的实践活动进行较有力和高效地指导。

基于上述结论，本书首先，通过界定休闲体育产业生态系统的概念，构建休闲体育产业生态系统分析框架，在对休闲体育产业生态系统构成和运行机制分析的基础上，立足我国休闲体育产业发展现状，运用理论与实证相结合的方法，构建我国休闲体育产业生态系统演化模型，分析我国休闲体育产业生态系统演化流程；其次，多维度构建了我国休闲体育产业生态系统发展水平评价指标，并对全国范围内休闲体育产业生态系统的发展水平进行综合评价；最后，引入能源投入和非期望产出，采用 SBM – GML 模型，对全国层面及六大地区的休闲体育产业生态系统效率进行测度，以期对我国休闲体育产业生态系统的发展有系统认识。

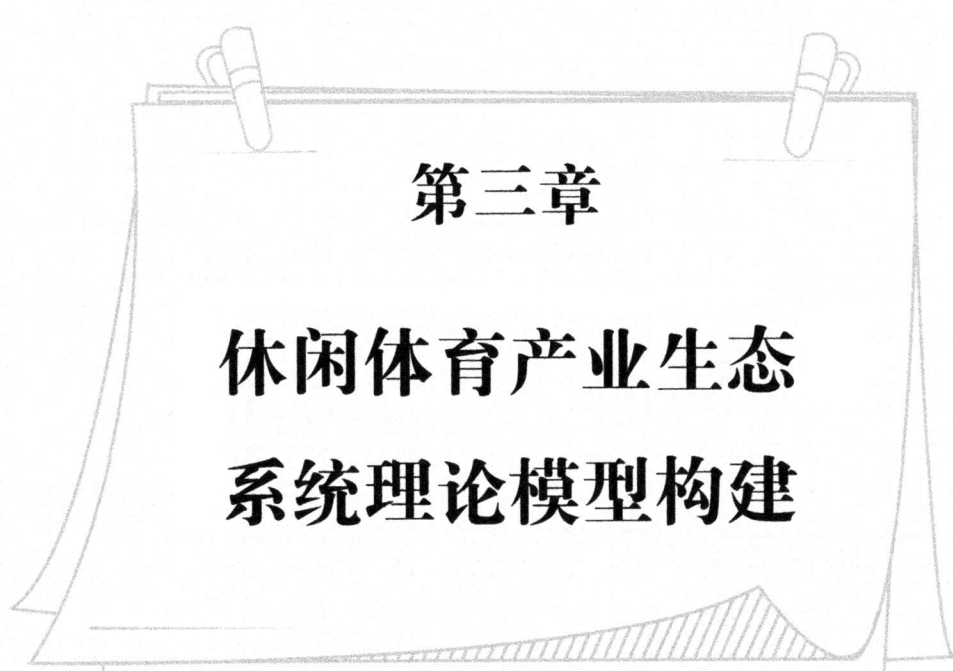

第三章

休闲体育产业生态系统理论模型构建

第一节 休闲体育产业生态系统内涵分析

一、休闲体育产业的概念、内涵与分类

21世纪以来，人们闲暇时间增多、生活质量提高，休闲已经成为生活的重要组成部分。人们在闲暇时间从事具有趣味性、娱乐性、健身性的体育活动被喻为"休闲体育"。休闲体育是全民健身事业中的重要内容，不仅是社会发展的需求，还是推动经济、传递正能量、助力社会融合的有效途径。

现有研究对休闲体育产业的界定大体可归纳为以下几个角度：第一种观点从休闲体育的功能和体育产业的本质来界定，指为了满足人们的健身、娱乐、消遣、刺激、冒险、宣泄等多种需求而提供的与体育活动有关的一切产品和服务（李文峰，2017）[1]，以及与这些产品和服务相关的所有经营活动的总和（杨静，2020）[2]。第二种观点从休闲体育消费需求的角度出发，认为休闲体育产业是以满足消费者休闲体育需求为目的的（李静文，2017[3]；谭前可，2016[4]），为人们提供与休闲行为直接相关的产品与服务的所有产业活动的集合（张森，2013）[5]。第三种观点则从参与时间和活动角度界定，认为休闲体育产业是人们在闲暇时间，以体育运动为载体，以参与体验为主要形式，为了提高生活质量、促进身体健康，而积极主动参加从而达到愉悦身心的社会活动（陈刚和吴兵成，2018[6]；曾梦娟，2017[7]）。综合来看，休闲体育产业是体育产业和休闲产业的结合与延伸，具有两者的特性，休闲体育产业内涵既有和体育产业交叉的部分，也拥有休闲产业本身的属性。

---

[1] 李文峰. 世界休闲体育大会后青岛市休闲体育产业提升战略研究 [D]. 济南：山东体育学院，2017.
[2] 杨静. 武汉市休闲体育企业竞争力的研究 [D]. 武汉：武汉体育学院，2020.
[3] 李静文. 休闲体育产业与经营管理 [M]. 北京：新华出版社，2017.
[4] 谭前可. 休闲体育产业融合问题的研究——南京市休闲体育产业与旅游产业耦合效应分析 [D]. 长沙：湖南师范大学，2016.
[5] 张森. 中美两国体育休闲产业比较分析研究 [D]. 兰州：兰州大学，2013.
[6] 陈刚，吴兵成. 体育休闲：不休，不闲——基于江苏休闲体育产业发展实践探索 [J]. 体育学研究，2018，1（04）：1-7.
[7] 曾梦娟. 长株潭湘江风光带休闲体育资源利用与开发研究 [D]. 湘潭：湖南科技大学，2017.

除此之外，根据 2019 年国家统计局最新发布的《体育产业统计分类（2019）》（国家统计局令第 26 号）中关于体育产业的分类，本书将休闲体育产业分为上游休闲体育制造业、中游休闲体育服务业和下游休闲体育衍生业三个部分。休闲体育制造业是为休闲体育业提供资源和生产资料，包括场馆建设、体育用品制造、体育设施建设等；休闲体育服务业是为消费者进行休闲体育活动提供服务，同时也是休闲体育产业的重要组成部分，包括体育赛事产业、休闲健身产业、休闲旅游产业等；休闲体育衍生产业是将休闲体育产业与"互联网+""AI+""物联网"融合的一种全新的、高级的休闲体育系统，包括体育彩票、体育电商、体育游戏等。基于上述分析，本书将休闲体育产业定义为：投入一定的生产要素，为满足人民群众的休闲娱乐需要，生产或提供休闲体育产品和服务的企业、单位及与其生产相关的活动的集合。

二、休闲体育产业生态系统概念与特征

产业生态系统是借鉴自然生态系统而提出的概念，从产业生态系统的角度出发研究休闲体育产业，能够全方位、多层次地对休闲体育产业进行剖析。本书认为休闲体育产业生态系统是指在一定时空内，由与休闲体育产业相关的企业、消费者及其所处环境等共同组成的有机复杂系统，以提供满足消费者需求的休闲体育产品和服务为主要内容，以促进休闲体育产业的可持续发展为核心目标的产业生态系统。

休闲体育产业生态系统具有四大特征：整体性、动态性、生态性、复杂性。第一，整体性是指休闲体育产业生态系统是由多要素有机组合形成的，各要素在合作与竞争中协同发展，以达到系统运作的整体效果。系统中某一要素的变化会通过直接或间接的方式，对其他要素产生不同程度的影响。第二，动态性是指休闲体育产业生态系统不是静态整体的，而存在从低级向高级演化的过程，低级的休闲体育产业生态系统粗放型生产，资源使用效率低，系统内各要素关联松散；高级的休闲体育产业生态系统能够实现系统内物质资源的有效、循环利用，系统内要素关联紧密，有序协作。第三，生态性是指休闲体育产业生态系统具有与自然生态系统相同的特性。类比于自然生态系统的生物群落、食物链、生态环境，休闲体育产业生态系统也有其核心产业系统、产业支撑系统和产业外部环境。如果产业生态系统内各要素间存在不匹配现象，不能有效协同运作，则会影响系统效率，牵制系统发展。第四，

复杂性表现为休闲体育产业生态系统是具有多个层次的系统。首先，产业内部包含了休闲体育消费者、企业、金融、政府、科研机构等多要素，各要素有不同的功能职责，所追求的利益诉求不同，且相互间存在错综复杂的关联关系。其次，产业外部所处的自然环境、社会环境、经济环境处于不断的变化当中，休闲体育产业生态系统需要不断同外界进行物质、信息、能源的交换，进一步加大了系统的复杂性。

第二节 休闲体育产业生态系统的构成

休闲体育产业生态系统是社会经济系统的一个子系统，包含所有与休闲体育产品生产和消费过程有直接关系的组成部分，大致可以将其分为三大板块，包括核心产业系统、产业内部环境和产业外部环境，其中，产业内部环境和产业外部环境共同构成产业生态环境。休闲体育产业生态系统反映休闲体育产品供给方与需求方之间的相互关系，以及产业系统内部主体与产业生态环境之间的相互作用，体现了整个休闲体育产业生态系统中物质、信息、能量流动和循环的过程。

本书对休闲体育产业生态系统的研究从内部运行系统和产业生态环境两个层面展开。其中，内部运行系统包括休闲体育产业的供给和需求方面，是休闲体育产业生态系统的生产者和消费者的集合，包括主体产业、基础产业和消费者，他们相互作用，相互影响，形成休闲体育产业的供需关系。产业生态环境则包括产业内部环境和产业外部环境两部分，是内部运行系统赖以生存的生态环境。

图3-1即为休闲体育产业生态系统的结构图，反映了休闲体育产业生态系统的核心产业和产业生态环境之间的物质、信息、能量流通规则。内部运行系统通过供需关系之间的相互作用推动发展，生产者为消费者提供休闲体育产品与服务，消费者在对生产者所提供的产品与服务进行消费的同时，将自身需求反馈给生产者，实现消费与生产的相互作用，共同推动内部运行系统的发展。产业生态环境中各种因素，通过不断地变化影响内部运行系统中各主体，促使他们不断进行调整以适应环境的变化，同时生态环境中的各要素也为系统内各主体的提升和发展提供政策、资源的支持。

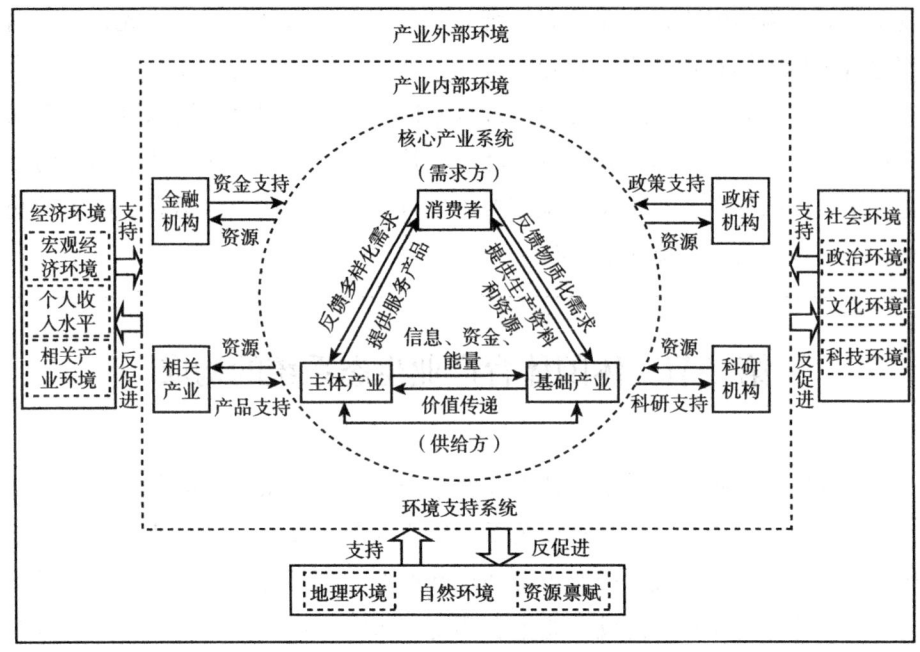

图3-1 休闲体育产业生态系统结构图

一、核心产业系统

休闲体育产业核心系统，体现产业内的供需关系。供给方为主体产业和基础产业，为休闲体育产业生态系统提供产品和服务；需求方为消费者，是供给方的服务对象，为供给方提供自己的需求反馈，是休闲体育产业生态系统发展的动力。具体来看，主体产业包括为消费者提供赛事表演服务、场馆服务、体育中介服务等产品的体育服务业，以及与金融、旅游、博彩、电商等产业融合发展的衍生体育服务业；主体产业以满足消费者对休闲体育产品与服务的多样化需求为核心，开发休闲体育价值功能、生产休闲体育产品与服务，是实现休闲体育产品生产和消费对接的关键环节。休闲体育基础产业是指为主体产业进行生产活动提供生产资料及资源的产业，为上游资源层，包括体育场馆和用品制造业及其他体育资源生产业，保障了休闲体育产业发展的基础建设。

休闲体育产品的消费者是休闲体育产业生态系统的重要组成部分，通过对市场上的产品及时反馈并提出更多的要求，进一步促进市场的良性发展。

本书根据休闲体育产业的范畴，将休闲体育产品分为三类：实物性产品、观赏性服务和参与性消费，杨晓晨等（2009）在休闲体育产业生态系统的研究中，将休闲体育产品与服务的消费者分为观赏型和参与型两种[①]。随着社会分工的进一步深化，专业化水平不断提高，消费者的认知也随之发生变化，新型体育服务业成为消费者追捧的对象，休闲体育产业的消费者开始分化为三种：一是观赏型消费者，主要针对体育表演业；二是参与型消费者，主要消费大众健身服务业的产品与服务；三是消费型消费者，该类消费者主要是对新型服务业及体育用品进行消费。休闲体育产业的供给和消费共同构成了休闲体育产业生态系统的内部运行系统，是休闲体育产业发展的基础，也是本书研究的基础。

二、产业生态环境

（一）产业内部环境

休闲体育产业生态环境又可分为产业内部环境和产业外部环境，产业内部环境包括金融机构、科研机构、行政机构，也包括与休闲体育产业发展密切相关的其他产业，本书也将这些与休闲体育产业密切关联的机构与产业称为支撑环境系统。休闲体育产业投资机构、基金、银行、保险公司等均属于休闲体育产业相关的金融机构，他们保障休闲体育产业生产和发展过程中的资金流畅通，同时分摊金融风险，为休闲体育产业内的个体和组织提供金融咨询、保险、投融资等服务。休闲体育科研机构包括大学、研究所等科研单位，主要为休闲体育产业的发展提供人才和技术支撑。休闲体育行政组织主要包括政府机关和其他与休闲体育相关的制定规章的行业协会、行政机构等，这些机构和组织通过立法、行业规范、行业标准等实现对休闲体育产业的保护、扶持、调整和完善，为休闲体育产业的健康发展保驾护航。休闲体育相关产业，是指休闲体育产业的互补产业和替代产业，杨晓晨等（2009）在对休闲体育产业的研究中指出餐饮业、零售业、交通运输业均属于休闲体育产业的互补产业，这些产业产品的价格、品类及

---

① 杨晓晨，李宗浩，梁强. 休闲体育产业生态系统分析与竞争战略选择［J］. 北京体育大学学报，2009，32（03）：25-28.

营销方式等都对休闲体育产业的消费具有一定的影响，同时，交通的便捷性也成为消费者选择休闲体育消费的主要影响因素①。休闲体育产业的替代产业主要是指在某种程度上可以与休闲体育产品进行互相替代的产品，如旅游业，虽然体育产业与旅游产业的融合度不断加深，但是，旅游业的发展对休闲体育产业的发展仍存在一定的冲击性。由此可得，支撑环境系统为内在运行系统提供必要的生产要素和缓冲空间，同时休闲体育产业的内在运行系统也对支撑环境系统在资金、技术、政策等方面提出了更高的要求，倒逼其重构升级。

（二）产业外部环境

休闲体育产业外部环境即产业宏观环境，是休闲体育产业赖以生存发展的环境，总结为三大类：一是自然环境，包括产业生存和发展所处的地理环境、资源禀赋等，属于产业生态环境中较稳定的因子；二是社会环境，指产业发展所处的政治环境、文化环境和科学技术环境等，属于产业生态环境中较活跃的因子，尤其是针对休闲体育产业而言；三是经济环境，指宏观经济发展水平、人均收入水平、相关产业环境等，属于产业生态环境中最活跃的因子，极大程度地影响着休闲体育主体产业的发展。在休闲体育产业生态系统中，生产者、消费者及产业内部环境因子通过适应产业外部生态环境的变化不断完善发展，通过相互之间的物质、能量和信息交换实现协同发展，最终推动休闲体育产业生态系统向更高级的阶段演化发展。

产业外部环境不仅影响着休闲体育产业发展的宏观背景，而且与支撑环境系统紧密关联，通过支撑环境系统影响休闲体育产业的内在运行，为休闲体育产业的有效运作和循环发展提供环境支撑，同样休闲体育产业内在运行系统和产业内部环境的发展也对产业外部环境产生促进作用。在休闲体育产业生态系统中，休闲体育主体产业、基础产业和消费者不断调整供需关系，与内部环境的金融、科研、政府机构协调发展，打破孤立的休闲体育产业内在运行结构，适应产业外部宏观环境的变化，促使休闲体育产业生态系统效率不断提高，结构更加合理，向高质量产业生态系统演化发展。

---

① 杨晓晨，李宗浩，梁强. 休闲体育产业生态系统分析与竞争战略选择［J］. 北京体育大学学报，2009，32（03）：25-28.

第三节 休闲体育产业生态系统影响因素分析

本节基于休闲体育产业生态系统的构成,从核心产业系统、产业内部环境和产业外部环境系统三个子系统入手,对产业生态系统的内外部因素如何影响休闲体育产业发展进行理论分析。

一、影响因素识别与梳理

（一）资料搜集与整理

在分析现有研究中涉及休闲体育产业发展的影响因素时,本书参考冯斐（2020）[①]、许博（2020）[②] 所采用的方法,借助文本分析和扎根理论分析研究。扎根理论研究方法最早在20世纪60年代由哥伦比亚大学的Strauss和Glase两位学者提出,是一种质性资料系统分析与理论构建的研究方法,其系统化的实现程序包括开放编码、主轴编码与选择性编码三个步骤,故称为三阶段编码。

在研究前首先对该领域的现有成果进行资料搜集与理论抽样,以中国知网为文献来源,分别以"体育产业发展影响因素""休闲产业发展影响因素""休闲体育产业发展影响因素"等为关键词进行检索。搜索时间起始时间是2000年1月1日,截止时间为2022年10月10日,共检索到678篇文献。搜索出的文献需要按照一定的纳入标准进行抽样,合适的文献才能成为初级目标文献。标准：（1）文献的研究对象必须是产业的整体发展水平,而非是单一行业或部分行业的发展；（2）文献必须是关于休闲产业、体育产业或休闲体育产业发展影响因素的研究；（3）为了保证研究样本的独立性,学位论文与期刊论文有重复的文献仅保留其一。根据纳入标准整理文献得到58篇文献。其中,19篇研究文献是博硕士论文,38篇文献属于期刊类别,1篇文献是会议。

---

① 冯斐. 长江经济带文旅融合产业资源评价、利用效率及影响因素研究 [D]. 上海：华东师范大学, 2020.
② 许博. 制造业企业高质量发展影响因素及其实证研究 [D]. 西安：西安理工大学, 2020.

(二) 影响因素确定

根据扎根理论三级编码过程，结合核心范畴与主范畴之间的逻辑关系，得到休闲体育产业生态系统的影响因素。

1. 开放式编码

开放式编码是从资料中提取表征概念属性的词句进行标注，用新的概念进行命名。在对初级目标文献的快速阅览中，参考扎根理论的三阶段编码方法，对其初始概念进行逐条、逐词的开放式编码，经过合并、重组并提炼相同或类似的初始概念，整理出休闲体育产业生态系统影响因素指标的开放式编码10条，具体结果如表3－1所示。

表3－1　　　　　　　开放式编码形成的范畴（部分）

编码	范畴	初始概念（原始语句）
1	要素资源因素	资本的支持与劳动力资源的稳定供给，是体育产业发展的基本保证，体育产业只有不断获得各种生产要素的支持，才能真正得到发展。（人力、资本等生产要素） 体育设施是体育活动的载体，可直接影响大众参与体育运动意愿和提升群众体育赛事氛围感受，进而影响体育消费。（基础体育设施水平）
2	企业实力因素	扩大企业规模可以提高企业管理效率，降低企业内部成本。同时，企业还可以借助现代信息处理手段，扩大管理者的管理和监督幅度，从而使分摊到单位产品上的管理费用减少。（企业规模） 经营能力强的企业能够明确部门、人员间的职位关系以及各自的职能分布，确保资源以及信息在企业的正常运转，提高企业的资源利用率和生产效率，实现高效发展。（企业经营管理） 体育用品制造企业技术创新要素通过促进研发单元、生产单元和商业化单元的良好运行，进而提高体育用品制造企业技术创新产出绩效。（企业技术创新）
3	产业内部因素	产业结构可以通过资源配置的调整和优化而改变资源配置比例、提高生产效率、扩大产业自身规模等。（产业结构） 体育产业的总规模和增加值能反映体育产业发展的整体状况，体育产业规模呈不断扩大态势，对助力体育产业高质量发展具有积极作用。（产业规模） 特定区域的产业发展基本遵循了由一个或多个增长极向经济轴线再向经济网络演进的规律，也就是说产业布局是产业发展不可回避的关键环节之一。（产业布局） 体育产业部门产品的生产和消费能前后联动相关辅助产业部门产品的生产与消费。（产业链上下游）

续表

编码	范畴	初始概念（原始语句）
4	消费需求因素	大众体育消费的增强有利于体育产业结构的调整和优化。（消费升级） 市场需求的差异化会吸引和鼓励体育旅游企业不断更新体育旅游产品以及开辟新的体育旅游线路，以满足游客个性化和多元化需求。（市场需求、消费个性化与多样化）
5	高校、科研机构支持	高等院校提供休闲体育产业专业人才，科研机构对高等院校输送人才进行培训，并将高校的理论知识与技术实践相结合，不断催生新的休闲体育产品和服务。（人才、技术支持）
6	金融机构支持	金融机构提供必要的资金支持，并且还可以通过其他融资渠道等集整个系统运转所需要的创新资金。（资金和融资渠道支持）
7	相关产业发展	体育产业与旅游业之间存在着天然的耦合性，体育成为旅游业发展的重要拓展方向，而体育产业通过旅游产业可实现体育资源的创新和增值。（旅游产业） 文化产业中，例如媒体、影视、出版等产业都可以为体育产业的发展搭建平台，从而形成新的产业形态，扩大体育产业影响力，体现体育产业的价值和精神。（文化产业） 餐饮住宿、零售等业态的革新为体育产业注入更多活力，创造更好的发展条件。（餐饮、住宿、零售业发展）
8	政策制度因素	政府通过制定产业政策影响休闲体育产业发展的整体方向和性质。（产业政策） 政府通过法律手段、财政手段、行政手段三种方式，对特定项目在特定地区的发展起干预作用。（体制与法规、行政调控） 部分地区体育产业配套设施不完备，交通线路不完善，缺乏对高水平体育赛事的，地区体育产业发展不均衡，产品存在同质化现象。（整体规划）
9	自然环境因素	东北地区的滑雪场、西北地区的草原、沿海地区的海域均为区域内的自然资源禀赋，拥有天然的资源配置优势，为休闲体育活动的开展提供了重要的物质载体。（自然资源禀赋、气候条件） 区位条件优越的地区能够及时进行资金流、物质流、信息流、人才流的沟通。（区位条件）
10	经济发展因素	经济越发达，人们对体育消费的需求越旺盛，经济发展水平是体育消费的前提。（地区经济水平） 城市的医学科技使人们的健康状况以及寿命相较以往有较大提高，这也会导致人们在依赖医药的同时忽视体育锻炼重要性。（城市化水平） 近年来，信息技术的发展、应用科技的创新，使体育创新产品等推向市场，推动了休闲体育产业的升级发展，使休闲产业发展快速化，休闲体育企业管理高效化。（科技环境）

续表

编码	范畴	初始概念（原始语句）
11	社会环境因素	受教育程度高对精神产品的消费比同等收入的受教育程度低的人要多出许多，他们对体育的购买欲望源于对高品质生活的追求。（居民文化教育水平）随着经济体制的改革，我国人们的生活水平和质量得到显著的提升，这也就加快促进了人们体育文化观念的转变，体育健身娱乐活动已经逐渐成为人们日常生活中的一项基本需求。（生活质量、消费观念）年轻人喜欢时尚、新潮的体育运动，喜欢团体协作或竞争式的运动；中老年人则对放松、休闲的体育产品特别青睐；儿童和少年们对体育游戏的偏爱也很明显。（人口结构、消费个性化）

资料来源：作者整理。

2. 主轴式编码

休闲体育产业生态系统影响因素的主轴式编码遵循"因果条件—现象—脉络—中介条件—行动策略—结果"的研究逻辑，整理了11个副范畴之间的逻辑关系，形成主范畴证据链（见表3-2）。

表3-2　　　　　　　　主轴式编码形成的主范畴

编码	主范畴	副范畴	范畴内涵
1	核心产业系统层	要素资源因素	在产业发展中有关生产方面的基本物质条件和要素投入
		产业内部因素	对休闲体育产业高质量发展具有决定性影响
		企业实力因素	是产业发展的根本源泉
		消费需求因素	产业发展的推动力与最终归宿
2	内部环境系统层	高校、科研机构支持	培养人才、提供先进科技与开发新产品
		金融机构支持	休闲体育企业经营活动顺利进行和长远发展的重要保障
		相关产业发展因素	在产业的高质量发展起辅助作用，利于实现企业规模的拓展，形成产业集群效应，优化产业网络体系
		政策制度因素	在休闲体育产业发展中起扶持、引导作用
3	外部环境系统层	自然环境因素	休闲体育产业形成和发展的基础因素和先决条件
		经济发展因素	影响体育产业的需求和供给，是休闲体育产业发展的基础要素指标
		社会环境因素	影响休闲体育产业的转型升级

资料来源：作者整理。

3. 选择式编码

选择式编码凝练核心范畴，使其能够充分覆盖和概括其他范畴，形成一条能够阐明所有数据资料的故事线。经过开放性编码和主轴性编码，本书凝练了11个副范畴,继而归纳为3个主范畴,分别为核心产业系统层、内部环境系统层、外部环境系统层。

故事线如下:休闲体育产业生态系统融合了体育产业以及其他产业部落的共生因素,以利益合理分配为基础,以休闲体育产业为核心支撑,建立起多层次结构的休闲体育活动。所以休闲体育产业的发展受休闲体育产业生态系统的综合影响,而本书将休闲体育产业生态系统定义为三个子系统,即核心产业系统、产业内部环境系统以及产业外部环境系统。这三大系统包含了休闲体育产业发展的内外部环境,我们将这些环境影响融入产业生态系统中,化解为一些影响元素,由此凸显出这些元素在系统中是相互作用的,休闲体育产业的发展与产业生态系统的联系是非常紧密的。

二、休闲体育产业生态系统影响因素作用机制

根据前文所确定的影响因素,具体从三大系统层分析休闲体育产业生态系统的影响因素及驱动机制。

(一) 核心产业系统层

作为整个休闲体育产业生态系统的中心,核心系统(见图3-2)由休闲体育主体产业、基础产业、消费者组成,体现休闲体育产业的供需关系。该系统中的影响因素包括要素资源因素、企业实力因素、产业内部因素和消费需求因素。

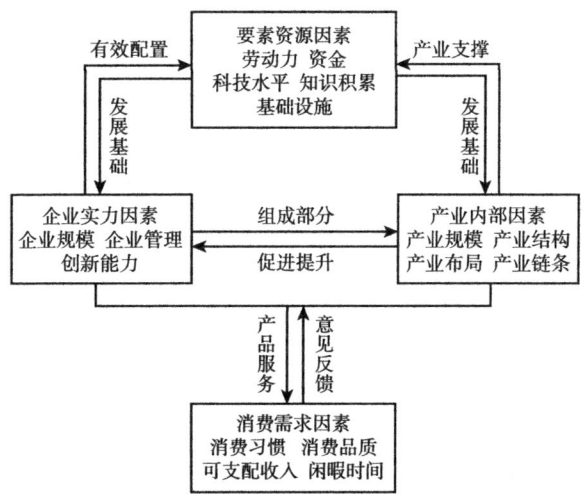

图3-2 核心产业系统层作用机制

1. 要素资源因素

休闲体育产业的发展离不开劳动力、资本、技术、信息、基础设施等产业要素的投入，并且在体育产品投入—产出中的不同阶段发挥着不同作用。体育产业发展的前期阶段对于劳动力、资金等方面的需求较多；而在后期生产销售过程中，技术、信息等要素会起到决定性作用。

劳动力因素是休闲体育产业发展的核心生产要素，包括人口数量、质量与结构等。首先，在产业的粗放式发展阶段，产业产出和劳动力投入量成正比，劳动力的数量直接影响产出量，劳动力数量越多，产出越高，产业发展越快。其次，劳动力质量对产业发展的质量有重要影响。党的十九大报告强调，我国经济已从高速发展阶段转向高质量发展阶段，休闲体育产业同样如此，为了适应经济发展模式的发展，劳动力的质量也要随之提升。接受良好教育且具有一定创造性思维的高素质人才能够生产高附加值的休闲体育产品和服务，满足经济发展需要和消费者消费需求。最后，劳动力结构指年龄结构、性别结构、职业结构等，社会劳动力的结构是否适应产业发展的需要同样会影响到产业的健康发展和产业的生产效率。

休闲体育产业发展离不开资金支持，资金一方面可以保障企业生产加工所需要的设备厂房等，另一方面可以通过工资福利等形式调动劳动力的积极性，提升生产效率，因此充足的资本供给是各产业发展必不可少的要素投入，也是形成规模经济进而获得产业质量提升的重要因素。对于休闲体育产业来说，资金一部分来自国家财政资金和金融机构的支持，另一部分来自社会组织的直接投资。

科技水平与知识积累为产业的可持续性发展提供智力支撑，尤其对于休闲体育产业而言，科技水平提高使生产要素实现优化配置，生产成本降低，生产效率提高；知识积累是创新的基础，创新能够使传统休闲体育产业打破边界，不断丰富自身内涵，催生新业态，促进休闲体育产业与其他产业的融合发展，进而推动休闲体育产业的多元化发展。

基础设施是休闲体育产业发展的硬件基础，一定程度上反映着一个地区体育产业的供给能力，包括休闲体育运动场地、体育馆、训练场等与体育运动相关的基础设施。基础设施越完善，体育公共服务能力越高，人们参与休闲体育活动就越加便利。同时，基础设施越完善，吸引外部投资和聚集人口的能力就越强，从而促进供给与需求市场的良性互动。因此，完善的休闲体育基础设施是休闲体育产业取得发展的基础条件。

2. 企业实力因素

休闲体育企业是体育产业供给端,同时也是体育市场发展的主体。休闲体育企业的实力主要体现在企业规模、经营管理能力及企业技术创新等方面。

从经济学意义上看,企业规模可以描述为在合理结合的基础上,生产力各要素在休闲体育企业的集中程度。在一定产量范围内,休闲体育企业规模越大,资金、技术、人才等各生产要素越能在企业的业务流程中得到高效配置和优劣互补,这不仅有助于优化企业供应链,提高其生产效率和收益,更有利于实现整个休闲体育经济的效益化,从而助推休闲体育产业生态系统的良性发展。

科学高效的管理是企业提升规模经济效益的必备条件。首先,经营能力强的企业能够明确部门、人员间的职位关系以及各自的职能分布,确保资源以及信息在企业的正常运转,提高企业的资源利用率和生产效率,实现高效发展。其次,拥有明确的企业定位和发展目标,形成了符合自身企业定位的企业文化和品牌风格。最后,拥有良好的市场洞察力,能及时预测消费者需求的变化,并通过需求分析准确把握行业发展态势,及时调整企业战略、引领市场。

在休闲体育产业生态系统中,企业的技术创新能力越强,企业的竞争能力和生存能力就越强,系统的适应性和稳定性就越好。技术创新能力强的企业可以实现产业发展的动能转换,从原有的依靠模仿行业领先的技术和工艺转向自主研发和创新,提升要素资源的利用效率,创造出多元化和创新化的产品和服务,提高企业的竞争力,同时也使我国的休闲体育产业在激烈的国际市场竞争中拥有一席之地。

3. 产业内部因素

产业内部因素对休闲体育产业生态系统的影响体现在产业规模、产业结构、产业空间布局、产业链上下游关联等方面。

产业规模反映休闲体育产业的产出规模或经营规模,是休闲体育产业实现从高速发展向高质量发展转变的基础。该因素表现为休闲体育企业增加和休闲体育产出规模扩大,休闲体育消费人群扩大,休闲体育产业增加值上升,休闲体育消费增加等。产业规模的扩大是地区休闲体育形成规模经济的基础,休闲体育企业可以通过专业分工、市场细分、产品或服务创新,形成外部和内部规模经济；地区政府可以通过政策引导、区域规划促进休闲体育产业的规模集中，最终形成该区域的发展优势。

产业结构是休闲体育产业内部各细分产业在总体产业规模中所占的比重，反映休闲体育产业各部门间的技术联系与资源配置关系。休闲体育产业生态系统对休闲体育产业的结构提出了优化升级的要求，同时休闲体育产业结构的优化也有利于其向高质量发展转变。休闲体育产业结构的优化，能够增加体育产业有效供给，有效引导社会资本向新的体育消费领域聚集，增强体育服务业的供给能力，使体育资源更好地满足体育消费升级的需要。

产业布局不仅是各产业在空间上的分布和地域上的组合，更是适应区域经济发展的要求，对资源和生产要素进行配置和再配置的关键。合理的产业布局能够使企业共同享受区域内的交通体系、通信网络、服务设施，及时进行人才、资金、信息的交流传递，节约企业对人才的搜寻和匹配成本，降低能源消耗，从而形成整体协调优势，促进环境友好型发展，对整个休闲体育产业生态系统配置效率、生态效率产生影响。

体育产业链是为了满足人们的体育消费需求而生产体育产品和服务的企业生产链条，休闲体育产业生态系统需要具备完善的产业链条。产业链中大量存在着上下游关系和相互价值的交换，上游企业向下游企业输送休闲体育产品和服务，下游企业向上游企业反馈信息，达到相互间在技术、资金、信息上的共享，有利于资源的有效配置和利益的合理分配。在休闲体育产业生态系统内，提供休闲体育产品制造、设施和场馆建设的制造业和建筑业属于上游企业，提供休闲体育产品和服务的休闲体育服务业属于下游企业。

4. 消费需求因素

消费者是休闲体育产业核心系统层中的一个重要主体，休闲体育消费是在满足物质需求后所进行的一种精神消费，消费结构的调整、消费者收入水平的变化以及消费者对产品的预期均会在不同程度上引导产品的生产和创新，消费需求因素主要包括居民的消费习惯、消费品质、消费者可支配收入与闲暇时间等因素。

在消费习惯方面，消费观念影响着人民对可支配收入的分配状况，它直接影响着人们对于休闲体育产品和服务的有效需求。而随着人们消费观念的转变，休闲体育消费不再是贵族消费，社会大众逐渐成为消费主体，推动休闲体育的大众化发展。

居民消费品质的提升对产品供给提出了相应的要求。进入新时代，居民的体育消费方式已经由实物型消费为主向观赏型和参与型消费转变。随着居民生活水平的提高，消费结构也发生着变化，购买体育产品与服务支出占消费支出的比重加大，人们开始注重休闲体育产品的个性化供给与多样化供给，对休闲体育产品供给提出了更高的要求。

消费者的可支配收入和余暇时间增加，产生了大量的市场需求，根据市场需求拉动理论，休闲体育供给方为满足需求会扩大生产规模，提高生产技术，而技术的提高进一步促进市场需求的增加，形成良性循环。

(二) 产业内部环境系统层

在休闲体育产业生态系统中，产业支撑系统（见图3-3）成员包括科研机构、金融机构、政府机构和相关产业发展因素。

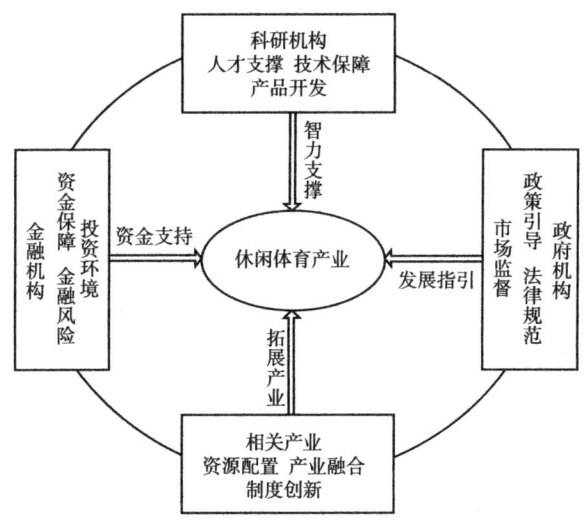

图3-3 产业内部环境系统层作用机制

1. 科研机构

休闲体育产业生态系统中往往聚集着大量的研究机构（包括高校、科技研究院等），其在生态系统中扮演着培养人才、提供先进科技与开发新产品的角色，是休闲体育生态系统中重要的支撑者。高等体育院校在完成教学训练任务的同时，为企业和科研单位培养大量休闲体育专业人才，让其参与到休闲体育的创新研发过程中，呈现出强烈的"技术溢出效应"。科研机构在完成科研的同时，也要与休闲体育产业合作实现研究结果产品化，以及更新高等院校所生产的相关理论知识，开发新产品，从而满足不断变化的市场需求。

2. 金融机构

休闲体育产业的运营与发展离不开资金的支持，充足的资金是休闲体育相关企业经营活动顺利进行和长远发展的重要保障。休闲体育产业生态系统中的金融机构一般是由银行金融机构和非银行金融机构构成，包括休闲体育产业基金、投资商、银行、保险公司等，它们为休闲体育产业提供投资金、金融咨询、保险等良好的金融服务，保证系统内资金流的畅通，为休闲体育企业分摊金融风险，营造便利的投资环境，有利于休闲体育产业高质量发展。

3. 政府机构

政府机构在休闲体育产业生态系统的发展中起举足轻重的作用，从发展现状来看，休闲体育产业对政策环境有较高的依赖性。一方面，政府通过制定产业政策影响休闲体育产业发展的整体方向和性质。另一方面，政府通过法律手段、财政手段、行政手段三种方式，对特定项目在特定地区的发展起干预作用。当然，政府行为对休闲体育产业的影响并不总是积极的，政府的过度干预、严格的调控机制会影响到市场机制的运行，降低资源的配置效率。政府盲目给予没有休闲体育产业基础和文化的地区政策优惠，会造成资源的极大浪费。所以，正确的政府行为才可以为休闲体育产业的发展指明道路，保障其健康可持续发展。

4. 相关产业发展

休闲体育产业的链条长，与各种产业关联度大，这其中既包括餐饮、住宿、交通运输、零售等与其共享相关基础设施、信息和技术资源的互补产业，也包括旅游业、文化业等生产其他休闲消费产品的替代产业。在休闲体育产业生态系统中，这些相关产业为休闲体育业提供资金、信息、平台，在优化资源配置、加快制度创新、推动产业融合发展等方面起着重要的作用，是休闲体育产业发展的有力支撑。

（三）产业外部环境系统层

产业外部环境系统成员包括社会环境、经济环境和自然环境（见图3-4）。

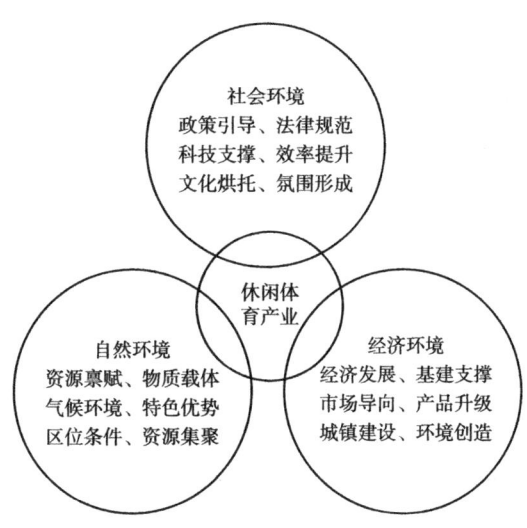

图 3-4 产业外部环境系统层作用机制

1. 社会环境

社会环境是休闲体育产业生态系统运行的重要依托,其对休闲体育产业的影响主要包括三个方面:一是政策环境,二是文化环境,三是科技环境。

政策环境的提供主体是政府部门,在休闲体育产业发展的过程中提供产业支持与规划引导,为其创造一个具有竞争优势的宏观环境。政府通过制定产业政策影响休闲体育产业发展的整体方向和性质,科学合理的产业政策和适度的干预对休闲体育产业的健康发展具有积极的现实意义。除此之外,政府部门也通过法律来协调和处理休闲体育活动中的各方面矛盾和复杂的体育关系,合理开发体育资源,规范市场秩序,促进休闲体育产业的良性发展。

科技环境是休闲体育产业提高生产效率、实现创新发展的重要依托。首先,良好的科技环境促进了休闲体育产业的创新发展,增强了产业活力。不断升级的现代信息技术,不仅为休闲体育产业的研发和创新提供了更先进的技术支持,还优化了协作方式,提高了休闲体育产业的创新及生产效率。其次,技术水平的提高有助于加速休闲体育产业的升级与改造。一方面通过技术渗透休闲体育产业的所有细分领域,重构业务框架体系,突破休闲体育传统产业的界限,优化休闲体育产业结构。另一方面,互联网等信息技术的发展，进一步打破了物理空间对休闲体育产业发展的限制，形成休闲体育企业"互通互联"的协作局面。最后，技术水平的提高有助于优化休闲体育产品和服务的生产、供给及消费模式。在休闲体育产品生产中，诸如5G和区块链等科学技术的应用促进了休闲体育产品和服务质量与效益的提升。在供给环节，以大数据为代表的信息技术造就了更高标准的精准化产品供给模式。在消费环节，通过数据的处理分析，进一步细分消费人群，并在此基础上形成差异化生产和营销策略，形成了产品供需之间的精准匹配。

文化环境依托于自然环境，它是社会范围内所创造的社会物质和精神文化的统称。休闲体育产业生态系统的发展根植于一定的社会文化环境之中，为系统的演化提供了一个比较弹性的空间，它是支持休闲体育产业生态系统进一步发展的软环境。文化环境能够从思想上影响消费者的意愿，成为提高居民消费意识的重要动力之一。比如人们对待休闲体育的态度这一文化因素将会影响休闲体育产业生态系统的发展。从前，我国大众"以静修身""以俭养德"的观念使个人可支配收入增加与休闲体育消费水平存在不匹配现象，但随着各种体育竞赛表演举办的数量不断增加说明社会对休闲体育的重视程度和大众的关注度都在显著增大，这会使休闲体育观念不断深入人心，进一步影响大众对休闲体育产业产品和服务的需求，更是能使普通人群在休闲体育社会文化的熏陶下，成为真正的休闲体育活动参与者，进而促进该系统的发展和演化。

2. 经济环境

经济环境是休闲体育产业发展的基础，决定着休闲体育产业的发展速度和规模。经济环境因素主要表现在社会经济发展、城镇化水平、市场需求等方面。

第一，社会经济发展。只有当社会整体的经济发展水平达到一定的高度时，休闲体育运动才可能作为一种社会经济现象出现。因此，经济发展不仅是休闲体育产业发展的外部环境因素，同时其自身也通过社会经济发展潜力，成为制约核心层和支撑层的一项隐性因素。一方面，经济发展水平高的地方，地区的通信、交通、住宿、医疗等基础服务比较完备，为休闲体育产业的发展提供了良好的基础条件；另一方面，经济发展水平越高，投入体育发展的经费就会增加，体育基础设施会不断优化，从而更好地满足人们的体育需求。

第二，市场需求。市场需求促进了体育消费，是休闲体育产业增长、创新和质量改进的主要动力。一方面，市场需求刺激休闲体育企业不断扩大生产规模、提升生产技术，同时技术的提高又进一步推动了市场需求的增加，形成良性循环。另一方面，市场需求指明了休闲体育企业创新的方向，降低了创新风险。市场变化给休闲体育企业带来创新压力，迫使休闲体育企业不断追随市场需求的脚步，只有符合未来发展需要的创新才能为企业创造价值；企业通过及时而有效捕获市场信息，根据市场需求来增加自身的研发投入，提升自身的创新效率，才能增强企业的竞争力，更好地推动休闲体育产业的可持续发展。

第三，城镇化水平。首先，城镇化水平促进了休闲体育产业结构的调整，而且城市为休闲体育产业发展提供良好的发展空间和发展机遇。其次，城市经济的增长和基础设施的完善为城市体育产业的发展提供了便利的交通和设施齐全的体育场馆，为人们参与休闲体育活动创造了优渥的条件。最后，城市是我国体育消费的主战场，城市人口是我国体育消费的主体，城镇化水平的提高为体育产品的销售提供了广阔的消费市场。

3. 自然环境

自然生态环境是休闲体育产业形成和发展的基础因素和先决条件，包括自然资源禀赋、气候环境、区位条件。拥有自然资源禀赋、气候环境舒适、区位条件优越的地区一方面有利于休闲体育产业的形成和发展，另一方面能够形成比较优势，以资源为优势吸引企业进入，扩大产业规模，同时提升知名度，吸引消费者，扩大市场需求，从而提高系统技术效率；此外由于能源投放成本较少，其生态效率也相应提高。

自然资源禀赋是指区域内在一定条件下能够为休闲体育产业发展所需要，并产生经济、社会效益的自然因素和条件。东北地区的滑雪场、西北地区的草原、沿海地区的海域均为区域内的自然资源，是一个区域内所拥有的天然的资源配置优势，为休闲体育活动的开展提供了重要的物质载体，且有利于地区形成规模优势。

气候环境是指以气候要素为代表的自然环境，包括地质地貌、水文土壤等方面。气候环境对休闲体育活动的形式和内容具有重要影响，如滑翔伞、登山、冲浪等休闲体育活动直接受气候环境的影响，而一般的休闲体育活动除了受到气候地质等影响外，同样影响消费者的情绪、行为和健康。

区位条件主要表现在地理位置、交通条件、资源分配等方面。对休闲体育产业而言，区位条件优越的地区能够及时进行资金流、物质流、信息流、人才流的沟通，从而有利于休闲体育产业集聚和发展，提高技术和规模效率。

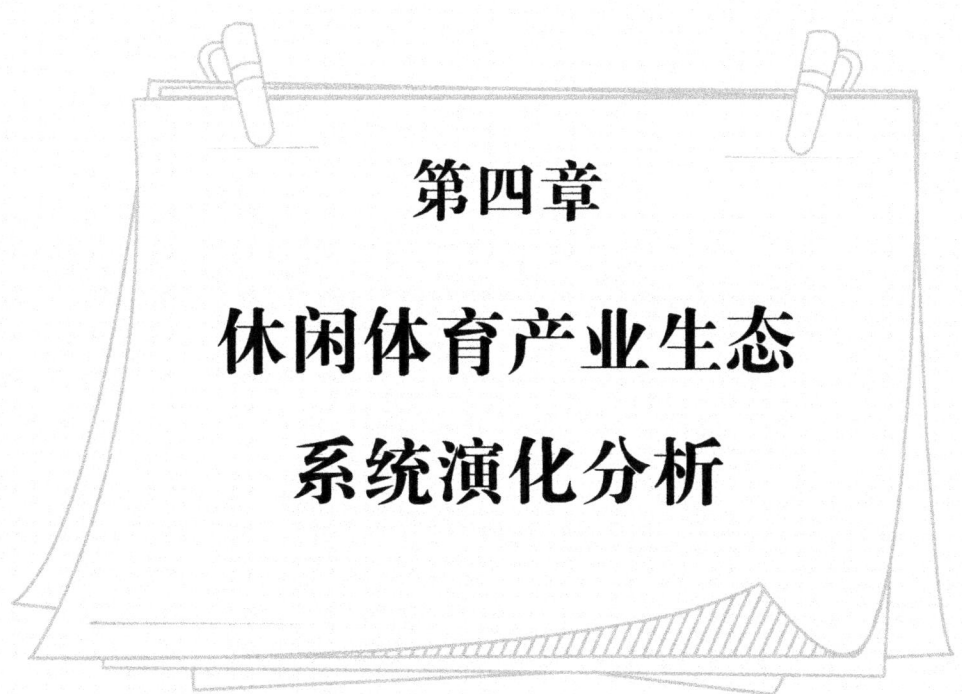

第四章

休闲体育产业生态系统演化分析

第一节 休闲体育产业生态系统演化机理

一、休闲体育产业生态系统演化理论基础

(一) 系统科学理论

系统科学理论主张从整体角度出发,分析研究系统与组成部分、系统与系统之间、系统与环境之间的作用机理。系统科学理论认为,一个完整的系统中包含着若干个子系统,它们之间不断进行着物质、能量、信息的交换。从不同的角度可以将系统划分为开放系统和封闭系统、线性系统和非线性系统、静态系统和动态系统。开放系统与封闭系统的根本区别是系统是否存在"输入—输出"关系;线性系统和非线性系统的根本区别是系统中的组成成分之间是否存在叠加关系;静态系统和动态系统的根本区别是系统是否随着时间的推移而发生改变。

本书所研究的休闲体育产业生态系统中的核心系统与生态环境之间存在着物质、能量、信息的交换;并且各个组成成分之间的关系复杂多样;该系统处于不断运动变化之中。故本书所研究的休闲体育产业生态系统是一个开放、非线性、动态的复杂系统。系统理论为休闲体育产业生态系统更好的实现可持续发展提供指导作用。

(二) 生命周期理论

生命周期理论起源于 Vernon (1966) 提出的产品生命周期理论[1],之后 Gort 等 (1982) 在此基础上建立了产业经济学意义上的第一个产业生命周期模型[2]。学者们通过不同的研究视角、研究方法等对产业生命周期的划分基本趋于一致,即与自然生态系统一样,每一个产业生态系统都有一个产生、发

---

[1] Vernon, R. International Investment and International Trade in the Product Cycle [J]. The Quarterly Journal of Economics, 1966: 190-207.

[2] Gort, Michael, Steven Klepper. Time Paths in the Diffusion of Product Innovations [J]. The Economic Journal, 1982 (92): 630-653.

展、衰退的过程，都具有各自的生命周期。生命周期理论描述的是产业演化的阶段性特征，整体上呈现螺旋式上升的状态。一个生命周期的结束，并不代表产业发展彻底完成，而是说明当前发展面临困境，需要通过改变核心要素使产业进入下一周期的发展。产业生命周期中不同阶段的划分依据是该产业在全部产业中所占比重的大小（楚岩枫，2010）①。结合先前理论，本书将产业生命周期分为初创期、成长期、成熟期、稳定期（衰退期）。

处于初创期的系统，其内部种群密度低，竞争压力小，资源和环境的约束力度弱，所以此时的增长率基本平稳；处于成长期的系统，由于其系统内部优越的增长环境使内部种群密度增长加快，所以此时的增长率显著高于初创期；处于成熟期的系统，由于上一时期种群数量的急剧增加，使系统内部竞争压力变大，潜在进入者的数量变少，此时的增长率变小；处于稳定期的系统内部进入者和退出者的数量基本相当，此时的增长率基本保持不变；与稳定期相对立的衰退期是系统发展的另一个表现，若系统进入稳定期之后不积极创新变革适应市场的变化，则有可能在激烈的市场竞争中被击败，最终进入衰退期。前三个阶段是各产业生态系统演化的整体表征，它们之间既不存在相互对立的关系，也没有明显的分界线。

（三）系统动力学理论

1. 系统动力学的内涵与特点

系统动力学（System Dynamics，SD）是于1956年由MIT的Jay W. Forrester所创立，是集定量分析和定性分析于一体、帮助我们理解系统问题和解决系统问题的综合性交叉学科，通过将系统科学理论和计算机仿真技术紧密结合，可以有效解决复杂问题。系统动力学最初的应用案例是"罗马俱乐部对世界发展趋势的相关研究"，该研究运用系统动力学方法建模，通过仿真模拟得出"可持续是经济不断发展的正确道路"（World Water Assessment Programme，2002）②。随着系统动力学应用的不断拓展，系统动力学的研究对象也开始丰富，国外的研究主要涉及科技、商业、工业、水资源、经济发展等各方面。20世纪70年代系统动力学开始引入我国，之后的研究在社会、商业、经济、

---

① 楚岩枫. 我国物流产业系统演化机理研究 [D]. 南京：南京航空航天大学，2010.

② World Water Assessment Programme. The United Nations World Water Development Report: Water for People, Water for Life [M]. Washington DC: UNESCO Publishing. 2002.

物流、自然环境、投资环境等方面作出了巨大贡献。除了能解决部分社会问题、生态问题、区域发展问题等，也有部分学者运用系统动力学来分析企业的经营管理决策（Bloodgood J M，2015）①。

系统动力学相较于其他方法，具有如下优点：一是可以通过仿真模拟解决具有复杂性、长期性的社会问题；二是通过绘制因果关系图、流图解决数据难以采集的问题；三是可以对未来事物的发展方向进行预测，以期提出合理的政策建议。

2. 系统动力学主要建模过程

运用系统动力学解决复杂问题时，一般按照以下建模步骤展开：

第一步，构建因果关系图。在确定系统边界的基础上，需要进一步对系统内部构成要素间的关系进行梳理。系统内部各个变量之间通过构成不同的正向、反向关系，形成反馈回路。因果关系图正是从系统的角度出发，对系统各个因素之间的关系进行定性描述，由因果箭、因果链构成因果反馈回路，如图4-1所示。

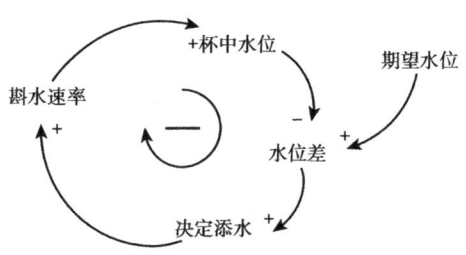

图4-1 因果回路图

以图4-1所构建的负反馈环为例。因果箭的头部表示结果，尾部表示原因，回路整体的正负性取决于系统中负反馈回路的数量。若负反馈回路的个数为奇数，则整体回路为负；相反则为正。

第二步，构建存量流量图。在上一步所绘制因果关系图的基础上，结合具体数据，运用计量经济学等方法将变量间的关系进一步量化。存量流量图是由状态变量、速率变量、辅助变量组成，根据不同变量的特征解释系统中变量之间的数量关系。如图4-2所示，L表示状态变量，即存量。其数值大

---

① Bloodgood J M, Hornsby J S, Burkemper A C, et al.. A System Dynamics Perspective of Corporate Entrepreneurship [J]. Small Business Economics, 2015: 1-20.

小表示这一变量在特定时间的发展状况,是系统整体积累的结果;R 表示速率变量,描述状态变量变化的快慢程度。其中 R1 属于流入变量,R2 属于流出变量,两者之差即为状态变量 L 的方程式。

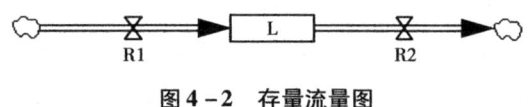

图 4-2　存量流量图

第三步,仿真模拟分析。以流图为基础,进一步分析系统构成变量的动态变化情况。通过借助系统动力学的方法,并不是对未来进行准确的预测,而是通过对不同策略进行试验,以达到对未来世界的正确理解。它与一般计量方法的根本区别是需要考虑因素之间的相互作用机制,而计量方法的运用则需要变量间的历史数据相互独立。

系统动力学建模流程如图 4-3 所示。

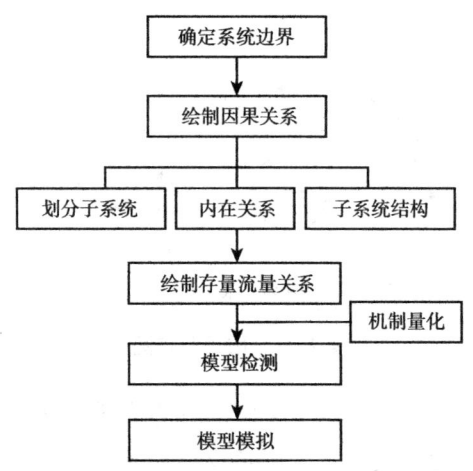

图 4-3　系统动力学建模流程

二、休闲体育产业生态系统概念界定

(一) 休闲体育产业生态系统演化内涵分析

"演化"一词在哲学、生态学、管理学、经济学等众多学科均有广泛应用。当前学术界对演化的理解已经达成共识,即演化是一个动态的过程,会造成一个复杂系统内部的元素发生结构、功能、状态等方面的改变。从演化经济学的角度看，产业演化的实质是产业通过与环境之间的互动作用使其发生从一种状态向另一种状态的变化。

在借鉴演化、休闲体育产业生态系统等相关概念的基础上，本书认为"休闲体育产业生态系统演化"是以其健康、持续的发展和满足人们多样化休闲体育消费需求为目标，在系统内部发展过程与外部多变环境的双向互动作用下，系统中的要素主体理性作出自己的行为决策，并对其他行为主体产生影响，最终实现系统的构成要素、内部结构、系统功能的不断发展。一般而言，系统会逐渐从无序向有序、低级向高级、简单到复杂发展。休闲体育产业生态系统的演化是一个动态过程且具有持续性，常常表现在产业规模、产业结构、科技创新、政府规制等方面的变化中。从系统的角度看，演化一方面可以提高资源利用效率，另一方面可以提高系统中主体的自身能力，这两者均是休闲体育产业生态系统演化的重要成果（冯志军，2012）[①]。从个体的角度看，演化则是构成系统的多个主体相互适应的过程，是彼此之间选择合适的策略组合以影响合作绩效的过程。

（二）休闲体育产业生态系统演化特征分析

第一，自组织性。休闲体育产业生态系统从简单到复杂、从低级到高级的发展过程呈现出自组织的特征。从自组织角度看，在休闲体育产业发展的过程中，产业生态系统从形成到功能完善和不断创新均是由系统内外部元素间的复杂矛盾相互作用而形成的，不是外部刻意"安排"和"组织"的。同时，这种自组织的行为不是一次完成的，而是一直在进行，不断推动休闲体育产业生态系统向更高级的阶段演化发展。

第二，动态性。动态性主要表现在两个方面，分别为微观层面和宏观层面。就微观层面而言，构成系统的微观企业为了更好地适应外界环境的变化而展开激烈竞争，"优胜劣汰"使企业主体不断进行更新迭代。就宏观层面而言，系统内部参与者会持续与外部的市场、经济、科技、社会文化等环境进行多种因素的交互作用，产业生态环境为休闲体育产业内各要素生存和发展提供所需的人才、资金、技术等产业发展要素，同时为其提供政治、经济、

---

① 冯志军. 中国制造业技术创新系统的演化及评价研究 [D]. 哈尔滨：哈尔滨工程大学，2012.

社会等宏观发展基础；休闲体育产业内各生态元素不断向整个经济社会输出产品和服务，并且通过努力营造更加有利于系统发展的环境。

第三，非线性反馈性。在休闲体育产业生态系统演化发展的过程中，每个要素的发展目标、发展方式都存在差异，因此休闲体育产业生态系统中的各个组成部分之间并不是单一的线性关系，而是复杂的网状结构，任何一个要素的变动都会受到多种因素的综合作用，因此休闲体育产业生态系统的演化过程中非线性机制普遍存在。

第四，突变性。休闲体育产业生态系统的演化方向并非是一成不变和低效平衡的。当系统外部环境发生重大变化或者系统内部构成要素之间产生不可调和的矛盾时，之前朝某个方向的演化就会被中断，系统会朝着新的方向发展演化，呈现休闲体育产业生态系统演化的突变性。

三、休闲体育产业生态系统演化过程

产业生命周期理论认为，产业具有一定的生命周期，要经历初创期、成长期、成熟期和稳定期（衰退期）四个阶段的演化过程（见图4-4），每个时期都表现出较明显的阶段性特征。

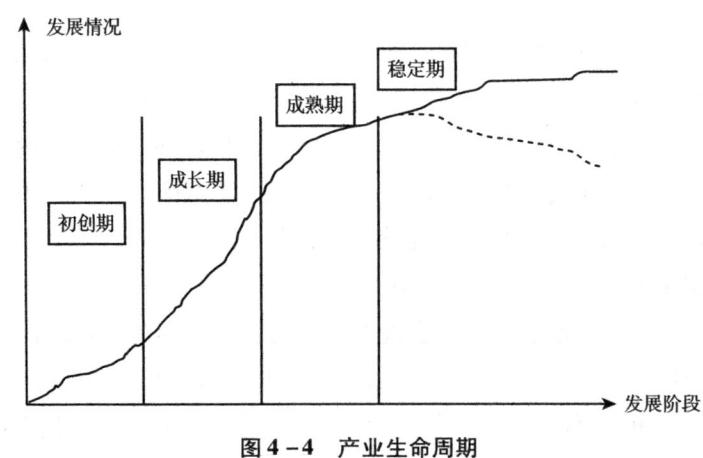

图4-4 产业生命周期

（一）休闲体育产业生态系统起步阶段

第一阶段为休闲体育产业生态系统的起步阶段。此时，系统正在经历从无到有的构建时期，系统的构成要素处于"零散"状态。市场上休闲体育企

业种类不够丰富，数量较少，产业链条尚不完善，产业整体竞争力较弱，尚不能满足消费者的休闲娱乐需求，对抗市场风险的能力也相对较弱。但与此同时，在休闲体育产业生态系统内部，企业面临着较多的发展机会，并且它们怀有强烈的发展和成长愿望。然而，单靠企业自身的愿望难以实现这样的目标。所以系统内的企业开始寻求与其他市场主体之间的合作，但合作成员间信任基础不稳固，合作关系脆弱，组织成员之间表现出强烈的分散性和无序性。在该阶段，休闲体育产业生态系统的发展需要产业内外环境的支持，但市场主体对系统内外环境的控制能力较低，与外部系统创新环境没有建立起物质、信息与能量循环，彼此之间互动关系较少，因此形成了较为简单的系统。系统的发展需要依靠政府政策、科学技术水平等外部支撑力来推动演化。

休闲体育产业生态系统的起步时期，需要借助政府政策的引导，并通过各种方式提高休闲体育产业的竞争力。例如：1999年6月国家体育总局发布《关于加快体育俱乐部发展和加强体育俱乐部管理的意见》、2022年7月中共中央、国务院发布《关于进一步加强和改进新时期体育工作的意见》、2007年5月中共中央、国务院发布《关于加强青少年体育增强青少年体质的意见》等文件中所强调的"全民健身与奥运同行活动""全国亿万学生阳光体育运动""确保学生每天锻炼一小时"等对于休闲体育市场需求起到了一定的刺激作用，促进了足球、篮球、健身等各类体育俱乐部的发展，活跃了休闲体育市场。

科学技术水平的提高，缩短了人民的社会必要劳动时间，导致社会生活也在悄然发生变化。国家开始实行"黄金周"制度，从"大、小礼拜"到"双休"，再到三个"黄金周"，随后又调整为"两长五小"的假期模式，全年休假天数增加至114天，闲暇时间不断增多，体育运动逐渐走入人民的日常生活。与此同时，科技进步促进了休闲体育新产品的涌现，丰富了休闲体育消费者的体验方式；休闲体育企业加大科研投入提升产品新材料和新工艺；休闲体育竞赛表演活动的传播与网络媒体、手机媒体、数字电视紧密结合，为休闲体育爱好者提供新鲜、海量的休闲体育竞赛表演活动信息；手机短信渗透到休闲体育产业的各个方面，用户开始使用手机短信购买体育彩票；电视数字平台的足球频道、网球频道以及综合体育类频道，带给消费者现场观看的体验。因此，休闲体育产业生态系统处于起步阶段时，构建一个处于"零碎"状态的系统，主要依靠休闲体育产业内部的知识创造、协作程度及政府政策、科学技术水平等外部力量的推动。

（二）休闲体育产业生态系统成长阶段

第二阶段为休闲体育产业生态系统的成长阶段，经历了起步时期的能量积累，在具备了一定的发展能力和条件后休闲体育产业生态系统进入成长时期，这时，整个系统处于快速成长状态。休闲体育产业生态系统的集聚程度加强，吸引越来越多的市场主体迁入，逐渐形成了由休闲体育产业、高等院校和科研机构、金融机构等组成的多元主体，共同推动系统向高阶段演化发展。系统主体之间信任感加强，成员数量增多，产学研合作模式逐步形成，促进了主体间的集聚发展，系统中各主体间的相互关系变得复杂多样。

休闲体育相关企业与高等院校、科研机构等协同合作，形成产学研发展模式。各主体之间建立合作渠道，实现资源共享，搭建交流合作平台，以此达到三方互惠互利的目的。同时，休闲体育产业生态系统中的金融机构、中介机构逐步完善，为系统提供资金和服务，辅助创建具有优势的休闲体育产业"产学研"示范基地，降低要素交易成本，加快资源要素流动，使市场主体内部的资金、技术、人才、信息等要素日渐集中，加快了科学研究成果的转换，同时也为高校和科研机构培育的人才提供了社会实践基地，形成了"研究—实践—研究"的良性循环，为休闲体育产业生态系统的发展提供了创新推动力。

随着生活水平的改善，人们的消费观念也随之发生变化。在物质消费得到满足后，"花钱买健康""花钱买快乐"的消费意识逐渐浓厚，人们对健康休闲的热情空前高涨，在闲暇时间开展的体育锻炼不再只局限于体育运动本身，而进一步延伸到精神层面的"休闲"，休闲体育的市场需求进一步扩大。与此同时，基础设施不断完善，为休闲体育产业生态系统的发展提供了场地、交通等方面的支持。因此，休闲体育产业生态系统处于成长阶段时，市场主体规模、资源互补和科研成果转化、消费观念转变、基础设施完善共同发挥作用促进系统的进一步演化。

（三）休闲体育产业生态系统成熟阶段

第三阶段为休闲体育产业生态系统的成熟阶段。由于休闲体育产业生态系统前两个阶段经历了资源和能量的聚合，各市场主体之间逐渐完成了产生、外溢、持续的过程，系统进入了成熟阶段。在此阶段，休闲体育产业由于资源的流动性，形成了完整的产业链，消费者需求越加多样，产业分工越加明确，使产业的发展水平与社会需求相协调。同时，产学研深度融合成为主趋势，产学研不再是浅层次的简单合作，而是企业、高等院校和科研机构以技术创新战略联盟组织形式来实现有关产业的重大科技创新和成果转换，能够进一步促进产学研长期性、战略性的深度融合。休闲体育产业、高等院校和科研机构互相为彼此提供发展所需的人才、知识、技术等资源。政府机构、金融机构等利用各种政策、资金、信息实现资源的优化配置，支持企业联合高等院校和科学研究机构建立休闲体育产业的人才、技术支撑平台。

处于成熟时期的休闲体育产业生态系统发展机制完善，产业系统内部主体分工不断细化，核心产业系统间不再是简单的项目合作，休闲体育产业链条趋于完善，产业上下游之间不断实现信息、资源、产品的交换与交流；休闲体育产业供给能够满足人们的高品质休闲娱乐需求，同时产品与服务的市场反馈机制也不断完善，企业能不断接收到消费者的消费需求，并据此对产品进行升级改造。而外部环境在该阶段也起着关键作用，休闲体育产业市场主体与外部环境之间的互动关系趋于稳定，产业发展资金流运行顺畅，与文化、旅游、金融等产业之间的融合越加深入，政府政策规划不断完善。休闲体育产业生态系统的演化发展日益成熟，也到达了最关键的发展时期，此时，休闲体育产业生态系统的运行机制已基本形成，市场主体逐步完善，产业龙头企业冒出，产业集聚效应形成；但在成熟的产业生态系统中，由于资源的有效性，系统内部主体之间的竞争越加激烈，如何维持自身在产业内部的竞争力，不断实现企业的壮大和发展成为系统内部主体在下一阶段考虑的重要问题。

值得注意的是，上述休闲体育产业创新生态系统的起步、成长、成熟阶段并不是单独存在的，而是彼此之间存在一定的交叉重叠部分。

（四）休闲体育产业生态系统稳定或衰退阶段

休闲体育产业生态系统在经过成熟时期后，系统将逐步向截然相反的两个方向演化：或是进入稳定发展阶段，或是进入衰退阶段。一种情况是休闲体育产业生态系统经历成熟阶段后，系统的各构成要素均达到稳定状态，若休闲体育产业生态系统能够通过本身调整开创出新的发展路径，系统将正向更迭，进一步实现发展升级，向系统的更高层次阶段演化，并形成一个更为有序的结构模型，从而进入新的发展阶段——新一轮产业生态系统演化生命周期；另一种情况是休闲体育产业生态系统演化遵循生命周期理论，走向稳定发展阶段后，由于系统内外部的种种原因，系统开始变得不稳定，休闲体育产业生态系统面临直接灭亡的状况。此时，由于整个系统长期处于饱和状态，系统未能在更深更广的层面上建立创新机制，系统规模无序扩大出现"拥塞效应"；休闲体育产业市场出现恶性竞争，外部环境容量恶化，市场需求萎缩；长期惯性导致系统演化过程中出现发展路径固化，市场主体之间的发展出现同质化现象，进而打破这种稳定的发展态势，最终导致众多市场主体逐渐退出系统，使休闲体育产业生态系统逐步走向衰退。

四、我国休闲体育产业发展现状

（一）我国休闲体育产业发展历程

由于我国宏观统计数据中没有针对休闲体育产业的专门数据，因此选取体育产业宏观经济指标数据代替休闲体育产业统计数据，为便于分析，在本节的分析中将直接使用该指标数据对休闲体育产业做描述性分析。

我国的休闲体育产业从20世纪80年代起步，2008年北京奥运会成功举办后，休闲体育产业开始进入人们的视野，并逐渐受到学界和业界的广泛关注，2010年国家开始颁布关于拓宽融资渠道、引进金融资本、引导企业创新的政策文件，旨在推动休闲体育产业的发展。随着一系列文件的出台，我国休闲体育产业进入黄金发展期，到2014年，国家又集中性地颁布了有关促进休闲体育消费方面的政策，提出到2025年消费达到"5万亿元"的目标，政策中提出要利用休闲体育产业扩大内需，推动休闲体育产业成为资源型经济转型过程中的重要动力。自此，休闲体育产业迎来新的发展机遇，到2015年，我国休闲体育产业进入了快速发展时期，政策红利开始释放、各类企业纷纷涌入、资本大量流入，休闲体育产业市场活力迸发。此后，休闲体育产业在国家发展中的战略地位不断提升，2021年国务院印发《全民健身计划（2021—2025）》（国发〔2021〕11号），旨在促进全民健身的更高水平发展；党的二十大报告中强调，要促进群众体育和竞技体育全面发展，加快建设体育强国,进一步明确了休闲体育产业在新时代新征程中的主要任务。至此,我国休闲体育产业发展稳中向好,在国家经济发展中的作用进一步凸显,休闲体育产业的发展也有了更加明确的方向和目标。

(二)我国休闲体育产业发展现状

1. 产业规模不断扩大

从图4-5可以看出,2012—2019年我国休闲体育产业的规模不断扩大,产业增加值从2012年的3135亿元扩大到2020年的10735亿元,2020年受新冠肺炎疫情影响体育产业增加值相较2019年有所下降,但总量依旧在2018年之上。从增长速度来看,2012—2019年我国休闲体育产业增速呈波动上升态势,2015年增长速度达到顶峰,从我国休闲体育的发展进程可以看出,2014年《关于加快发展体育产业促进体育消费的若干意见》(国发〔2014〕46号)出台,对我国休闲体育产业的发展起到明显的刺激作用。2020年体育产业首次出现了负增长,主要原因是2019年末、2020年初全世界范围内暴发了新冠肺炎疫情,为最大限度地保障我国人民的生命安全和身体健康,我国采取严格的疫情防控政策,休闲体育产业也受到了冲击而出现了暂时的低迷发展态势。总体来看,我国休闲体育产业规模不断扩大,其增速与宏观经济环境和政府政策导向呈正相关关系。

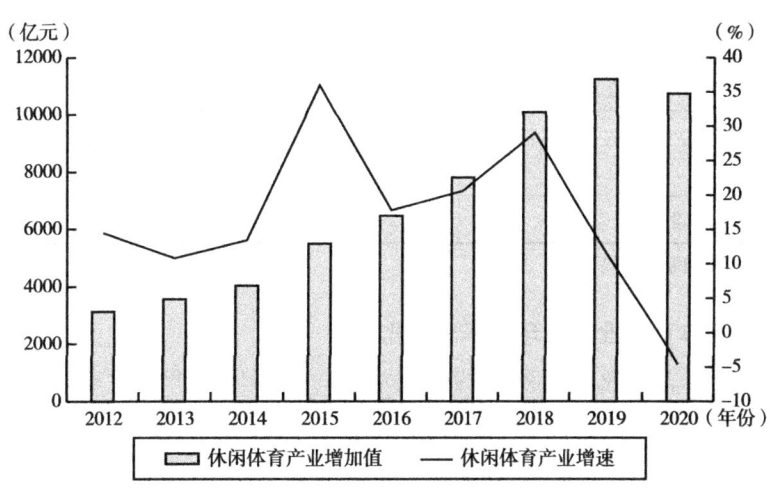

图4-5 休闲体育产业增加值及增速

资料来源:国家统计局。

2. 产业结构不断优化

休闲体育产业结构是指休闲体育产业的组成部分,从表4-1中可以看出,体育用品及相关产品制造在总产值中所占的比重始终最大,但通过年际比较可以看出,其占比在逐年下降,2018年降到50%以下,2020年降到30%以下。体育健身休闲活动、体育培训与教育、体育传媒与信息服务虽然在产业总量中所占的比重较小,但近5年来一直呈平稳增长态势。由表4-1可以看出,我国当前休闲体育产业结构正在不断优化,体育服务业发展趋势一片向好,相关制造业的占比逐渐降低,客观反映出产业内部基本结构正在向合理化的方向发展。

表4-1　　　　　细分产业占休闲体育产业总产出比重　　　　　单位:%

细分产业	2016年	2017年	2018年	2019年	2020年
体育管理活动	1.5	2.3	2.8	2.9	4.3
体育竞赛表演活动	0.9	1.1	1.1	1.0	1.0
体育健身休闲活动	1.9	2.6	3.9	6.1	6.9
体育场馆服务	5.6	6.1	9.9	9.3	7.5
体育中介服务	0.3	0.4	1.2	1.3	0.9
体育培训与教育	1.6	1.6	6.5	6.5	15.0
体育传媒与信息服务	0.6	0.7	1.9	2.4	3.2
其他与体育相关服务	2.3	2.3	5.2	5.8	6.0
体育用品及相关产品制造	62.9	61.4	49.7	46.2	29.3
体育用品及相关产品销售、贸易代理与出租	21.1	19.5	15.5	15.3	24.0
体育场地设施建设	1.2	2.1	2.4	3.2	2.0

资料来源:国家统计局。

3. 休闲体育产业生态环境不断优化

从休闲体育产业生态系统的构成可知,休闲体育产业生态环境主要包括产业内部环境和产业外部环境两部分,产业内部环境为休闲体育产业的发展提供资金、人才、资源和技术等外延支撑,产业外部环境主要包括当前我国的经济环境、社会环境和自然环境三个部分。从当前我国休闲体育产业发展现状来看,我国休闲体育不论是内部环境还是外部环境均呈现逐步优化的趋势。

体育政府机构在休闲体育产业发展的过程中发挥着政策指导、市场监督等作用，保障休闲体育产业的良性发展。从图4-6中可以看出，我国体育系统的政府机构数量在6800个以上，能够保证为各地休闲体育产业的发展提供相应的政务服务。但可以看出2015年以来，机构数量呈现波动下降趋势，出现这一现象的原因是，2014年国务院第一次常务会议提到"简政放权"，转变政府职能、提高政府工作效率和效能，随后各地积极采取相应政策精简政务机构和审批程序，将权力外放，充分激发市场主体的创造活力，促进经济稳步增长。同时，2012—2020年我国体育场地的数量逐年递增，尤其在2018—2019年增幅达到68.6%，这一现象出现的主要原因是自2019年以来我国各地开始建设"15分钟健身圈"，居民体育休闲场地大幅增多，到2021年我国人均休闲体育场地面积已达到2.41平方米，休闲体育设施不断完善，为休闲体育产业的高质量发展提供了坚实的物质基础。

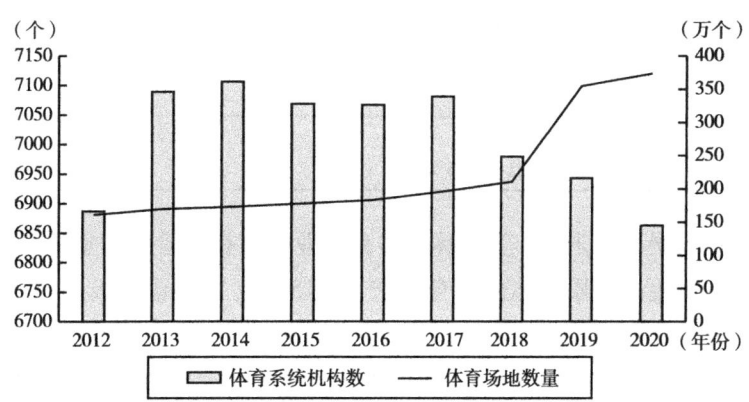

图4-6 2012—2020年我国体育系统机构与体育场地数量

资料来源：国家统计局。

表4-2展示了2001年以来，国家发布的支持和引导体育产业发展的相关政策，2016年以来国家针对休闲体育产业发展颁布的政策不断增加，充分体现了国家和政府对休闲体育产业发展的重视，我国产业的发展具有较强的政策导向性，每一部体育利好政策的发布均使我国休闲体育产业得到进一步的发展。

表4-2　　　　　　　　　体育相关政策（部分）

年份	相关文件名称
2001	《国家体育总局体育社会科学研究"十五"规划要点（2001—2005）》 《奥运科技（2008）行动计划》
2002	《2001—2010年奥运争光计划纲要》 《2001—2010年体育科技发展规划》
2004	《"十一五"体育社会科学发展规划（2006—2010）》 《国家体育总局关于进一步繁荣发展体育社会科学的意见》
2006	《体育科技、教育和反兴奋剂工作"十一五"规划》
2011	《体育事业发展"十二五"规划》 《体育科技、教育和反兴奋剂"十二五"规划》
2012	《国家体育总局中长期体育科学与技术研究指导纲要（2011—2020）》
2016	《体育发展"十三五"规划》 《全民健身计划（2016—2020年）》 《"健康中国2030"规划纲要》
2018	《国务院关于推动创新创业高质量发展打造"双创"升级版的意见》
2019	《体育强国建设纲要》 《进一步促进体育消费的行动计划（2019—2020年）》 《关于促进全民健身和体育消费推动体育产业高质量发展的意见》
2020	《关于加强全民健身场地设施建设发展群众体育的意见》 《体育赛事活动管理办法》
2021	《"十四五"体育发展规划》 《全民健身计划（2021—2025年）》

从产业发展质量来看，我国休闲体育产业一直在沿着高质量的路径提升，不断适应居民更高品质的休闲健身需求。2015年，我国国家级的体育产业示范基地只有14个，2017年增加至70个，到2021年数量已达334个，短短数年间数量增加了数10倍，说明我国高质量的休闲体育企业和机构正在飞速增长，休闲体育产业真正进入了高质量发展时代。

科研机构和体育运动学校在休闲体育产业发展的过程中承担着提供智力支撑和人才支持的重要角色，目前我国共有8所本科体育类院校，能够满足我国休闲体育产业发展的基本需求。但从图4-7中可以看出，2012—2020年我国体育类科研机构和体育运动学校的数量呈波动下降态势。究其原因我国多数体育运动学校属于中等职业类院校，近年来中等职业学校的发展受到一定的局限，生源短缺，社会对职业类院校的认识存在一定的偏见。但2021年以来国务院多次发表重要文件强调职业教育在我国人才培养和教育体系完善中的重要作用,相信在我国的政策指引下我国职业教育将得到良好的发展,体育类运动学校也将为我国体育人才的培养和全民运动的建设发挥重要作用。而体育类科研机构虽然数量在减少,但科学研究成果的数量和质量都有所提升,同时在休闲体育产业高质量发展的过程中,科研机构要进一步加强与相关企业的合作,实现科研成果的高质量转化。

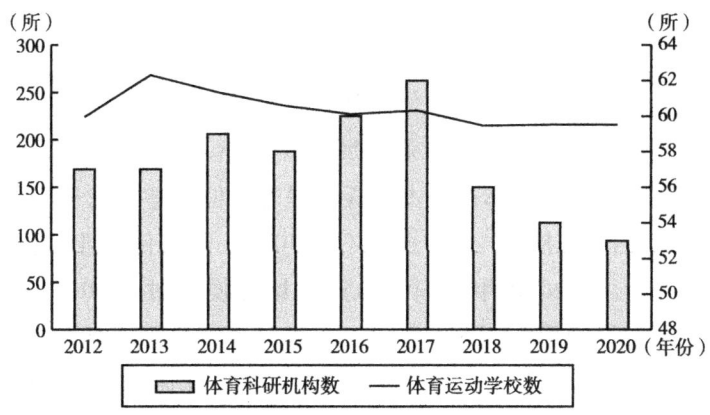

图4-7　体育科研机构数和体育运动学校数

资料来源:国家统计局。

从社会科技创新能力来看,我国的创新指数逐年上升,由图4-8可以看出,从2012年到2020年,我国创新指数呈现稳步增长态势,增长率达到60%以上,同时互联网、人工智能的快速发展为我国休闲体育产业的发展提供了良好的科技环境和信息交流平台,能够满足我国休闲体育产业生态系统良性循环和休闲体育产业创新发展的基本需求。

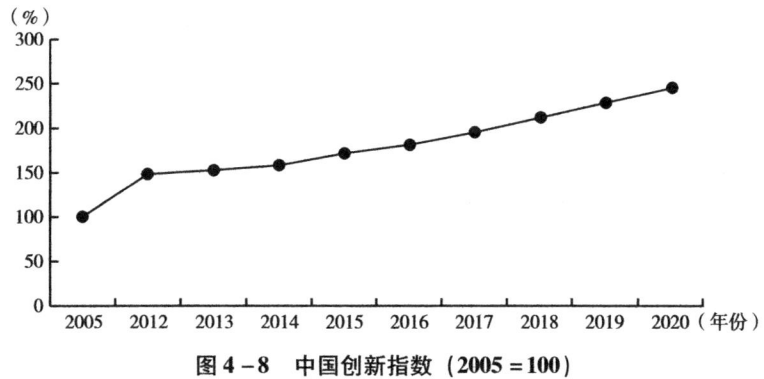

图4-8　中国创新指数(2005=100)

资料来源:国家统计局。

（三）我国休闲体育产业发展中存在的问题

1. 休闲体育产业生态系统构建不完善

休闲体育产业生态系统包含核心产业系统及产业生态环境，核心产业系统由主体产业、基础产业和消费者构成，从当前我国休闲体育产业结构和产业生态系统运行机制来看，我国休闲体育产业尚未形成完善的产业生态系统体系。

第一，产业结构不合理。从休闲体育产业规模来看，在内部运行系统中，基础产业占比较大，主体产业发展规模较小，虽然近几年我国休闲体育产业结构逐渐优化，主体产业占比逐年提升，但是整体发展规模仍较小，主体产业规模在休闲体育产业中占比不足30%。以主体产业的主要组成部分体育健身业为例，2020年我国健身房市场规模超过1200亿元，与此同时，健身设备市场规模达到526亿元，在线健身产品市场规模达到1749亿元，健身休闲服务所占比重不足35%，说明在整个休闲体育产业的发展过程中，主体产业发展较为薄弱，没有发挥其带动作用，甚至仅是基础产业发展的附属品。

第二，运行机制不畅通。从前文分析可知，供给、需求、政策是驱动我国休闲体育产业生态系统运行的主要动力因素。在供给侧和需求侧，休闲体育产业生态系统的运行主要是通过源动力的变化推动企业内部创新，进而扩大规模、实现发展。但是，从当前我国休闲体育产业的发展现状来看，企业内部创新能力严重缺失，有效供给不足，无法满足消费者丰富的休闲体育需求。从需求侧来看，消费者对休闲体育产品和服务的需求会带动企业内部创新，从而满足市场需求以实现产业发展。据相关数据统计，我国消费者对休闲体育产品与服务的消费虽然逐年增加，但消费增长率却呈现下降趋势。因此说明，市场消费在休闲体育产业大力发展的关键时期并未发挥出其作为休闲体育产业生态系统运行驱动力的主要作用，我国休闲体育产业的消费潜力有待进一步激发。从供给侧来看，产品的开发与生产，需要完善的休闲体育内部环境为其提供人才、资金和技术等方面的资源，但我国体育运动学校和科研机构的数量却呈下降趋势，体育人才培养和储备后劲不足。同时，从各主流媒体的统计数据可以看出，投入我国休闲体育产业的社会资本也存在非理性问题，由于2015年中央出台一系列政策推动我国体育产业及细分产业高速发展，社会资本蜂拥而至，到 2016 年底融资规模达到 4000 亿元，但是经过第一轮融资后，由于政策效应递减的作用和跟风投资带来的尴尬局面，融资规模骤减，不仅造成了极大的资源浪费，而且严重扰乱了休闲体育市场。

通过以上分析可知，我国休闲体育产业生态系统仍然处于演化发展的较低级阶段，存在较低的内部创新能力和较高的政策依赖性问题。较低的内部创新能力导致休闲体育产业生态系统运行机制不畅，需求和供给都没有发挥出其作为产业生态系统运行源动力的作用。因此如何激发主体产业活力，发展壮大产业主体，在人才、资金、技术等方面建立完善的引进机制，提升产业创新能力，以主体产业为核心优化休闲体育产业生态系统、完善休闲体育产业内外部生态环境，推动整个产业的良性发展，是当前我国休闲体育产业发展中急需解决的问题。

2. 产业生态系统自生能力较弱

从我国休闲体育产业的发展进程来看，我国休闲体育产业的发展表现出一个明显的特征——自生能力弱、对产业生态环境的依赖性较强。虽然政策对一个产业的引导是产业良性发展的必要因素，但是从我国休闲体育产业发展进程来看，政策对休闲体育产业的发展几乎起到了决定性作用，政策的发布和推动会极大促进产业的发展。从我国休闲体育产业的发展现状可以看出，自 2010 年以来，政府不断出台促进休闲体育产业发展的政策，2016 年后国家对休闲体育产业的重视程度进一步加大，党的二十大报告中也多次提及体育产业，政府对休闲体育产业的财政支持和产业发展引导力度不断加大，政府的大力支持促使休闲体育产业的规模不断扩大，政府的政策对休闲体育产业发展的积极效应甚至掩盖了其他环境因子的作用。但是，随着时间的推移，政策的推动作用呈现边际递减效应，此时，产业增加值也开始呈现出下降的趋势，投融资规模开始缩减，休闲体育产业的可持续发展动力减弱。

因此可以发现，我国的休闲体育产业发展整体表现出较强的政策依赖性，并未形成自组织运行的产业生态系统，主体产业规模较小、绩效较低，没有培育出能带动整个休闲体育产业发展的产业主体，未形成真正的消费市场。因此，如何通过政府政策引导休闲体育产业形成真正的消费市场，实现自组织运行，激发产业自生能力，形成可持续发展的动力也是当前我国休闲体育产业发展所面临的主要问题。

3. 产业内部创新能力较弱

创新是休闲体育内部运行系统实现可持续运行的基础，一个产品的品牌化发展能能够使企业在竞争中掌握主动权，进而形成竞争优势。在我国休闲体育产业发展的过程中，不论是基础产业还是主体产业都存在创新动力不足等问题，我国休闲体育产业中企业个体的发展均延续传统发展模式，致使我国的体育用品业大而不强，体育服务业市场占有率低，体育产业整体在市场上的竞争力低。以主体产业为例，随着互联网、人工智能等现代科技的发展，休闲体育产业的科技环境发生了巨大变化，科技创新推动业态创新，诞生了一批新型的体育服务业，从当前我国休闲体育产业的发展趋势来看，互联网+科技+泛娱乐成为我国休闲体育产业发展的主要方向。据相关数据显示，2016—2017 年互联网+体育产业进入快速发展时期，互联网+体育产业的应用形式不断增加，资本相继涌入市场；但 2018 年起，多家初创型企业暴雷，资金链断裂，行业进入洗牌期。2019 年新冠肺炎疫情暴发后，Keep、去动、FitTime 等健身 App 爆火，与此同时市场上也涌现出了众多同类型产品，但互联网+体育服务业的发展出现形式大于内容，产品同质化严重的问题。这一现象一方面反映出我国休闲体育产业发展不成熟，无效供给过多，跟风炒作成为发展的主要模式；另一方面也反映出我国休闲体育产业发展过程中对科技创新的转化率较低，产业内部创新能力较弱。

科技环境的变化必然会催生新的市场需求，休闲体育产业的市场需求是存在且旺盛的，因此如何通过科技环境的变化提升产业内部创新能力，推动休闲体育企业主体将科技创新转化为产品创新从而服务于消费者，使创新成为推动休闲体育产业自组织运行的主要动力，成为当前我国休闲体育产业发展中亟待解决的问题。

我国的休闲体育产业发展面临重大发展机遇，同时也存在各种各样的问题。因此，本书运用产业生态系统理论，用系统的观点分析休闲体育产业，基于休闲体育产业的发展现状，针对产业发展中存在的问题，分析影响休闲体育产业生态系统演化发展的因素，对推动休闲体育产业的发展具有理论和现实意义。

第二节　休闲体育产业生态系统演化模型构建

一、演化模型构建基本假设条件

本书通过构建系统动力学模型旨在解决以下两个问题：其一，分析休闲体育产业生态系统演化进程中产业生态环境中各要素内部系统的反馈机制，理清相互关系并揭示运行的基本规律；其二，通过系统动力学的方法构建休闲体育产业生态系统演化的 SD 模型，借助数学工具对系统结构、过程、未来变化进行仿真模拟，一方面可以了解休闲体育产业生态系统未来的演化趋势，另一方面可以通过不同影响因子的变动结果指导未来的政策制定，优化休闲体育产业生态系统的演化进程。

在建立系统动力学模型之前，需要对系统边界进行确定并作出合理假设。本书所建模型的基本假设如下：（1）不考虑非正常因素的突变影响。本书所建模型只考虑休闲体育产业生态系统内外部因素影响及相互作用，不考虑其他因素（如战争、自然灾害等）突变影响。（2）休闲体育产业的发展是一个连续、渐进的行为过程。休闲体育产业是在系统内部多种因素的作用下持续发展的，并不是突变或者随机产生。（3）模型中的状态变量只考虑流入和流出，不考虑具体实施过程。（4）在合理控制模型精度的前提下，适当简化模型，考虑政府行为、市场需求、产业联动等主要因素对休闲体育产业产值的影响，其他变化影响不在研究范围之内。（5）模型在具体模拟过程中所使用的数据真实有效，允许存在合理范围的误差。

二、模型因果关系图

1. 生态环境影响因素子系统

（1）社会环境。

一是政府支持促进休闲体育产业生态系统演化回路。政府支持主要包括直接和间接两个方面，即政府直接投资补贴和间接政策法规等体制建设。因此依据这两个方面分别构建各自的因果关系回路（见图4-9）。

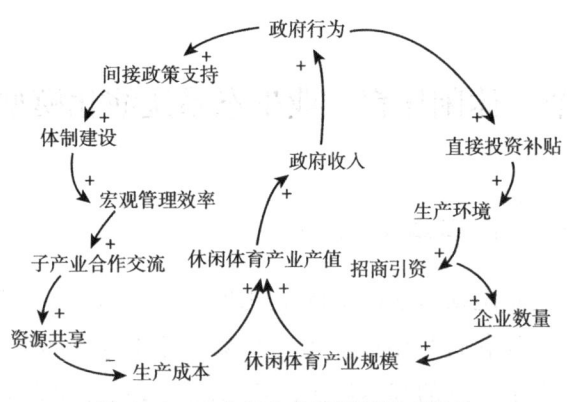

图 4-9 政府行为作用因果关系回路

图片来源：作者自绘。

回路一：政府直接投资补贴影响演化回路。当前我国的休闲体育产业资金来源有限，主要依靠政府财政投资、体彩、体育企业贷款等。政府对休闲体育企业直接的技术资金支持有利于弥补其资金缺口，同时还会通过相关基础设施的建设提高休闲体育产业的服务水平和受众面积。因果关系回路如下：

政府直接资金支持行为（＋）→直接投资补贴（＋）→生产环境（＋）→招商引资（＋）→企业数量（＋）→休闲体育产业规模（＋）→休闲体育产业产值（＋）→政府收入（＋）→直接资金支持（＋）→政府行为正反馈

回路二：政府间接体制建设影响演化回路。政策体制的建设不仅会为休闲体育相关企业的发展提供良好的外部环境，而且在政策的驱使下加强了系统中各个主体之间的合作交流，实现资源、技术共享。比如《关于加快发展体育产业的指导意见》（国办发〔2010〕22号）有利于休闲体育产业中内部各个产业之间、各子产业与其他产业之间协调发展，进而推动休闲体育产业生态系统的健康、有序发展。

政府间接政策支持行为（＋）→体制建设（＋）→宏观管理效率（＋）→子产业合作交流（＋）→技术、人才等资源共享（＋）→休闲体育产业生产成本（－）→休闲体育产业产值（＋）→GDP（＋）→政府投入（＋）→政府行为正反馈

二是科技环境影响休闲体育产业生态系统演化回路。科技创新对休闲体育产业生态系统演化的影响主要表现在影响演化的科技投入（见图4-10）。

回路：科技创新是提升产品质量、提高生产效率、促进产业转型的根本保障。技术水平的提高会不断改善和优化产业结构，带动整个行业的发展。

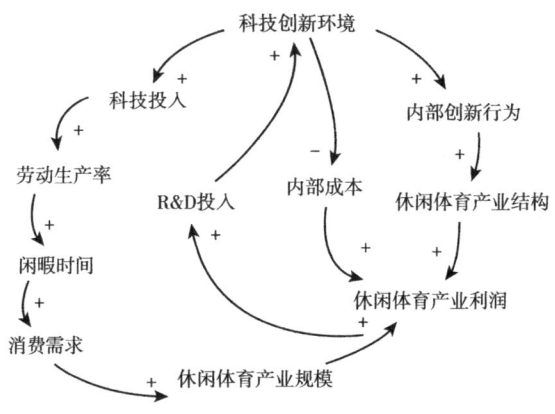

图 4-10 科技创新作用因果关系回路

图片来源：作者自绘。

科技创新环境（＋）→内部创新行为（＋）→休闲体育产业结构（＋）→休闲体育产业利润（＋）→R&D投入（＋）→科技投入正反馈→最终使休闲体育产业生产结构不断优化、创新能力不断加强→休闲体育产业高质量发展

三是文化环境影响休闲体育产业生态系统演化回路。社会文化环境对休闲体育产业生态系统演化的影响主要通过思想观念影响人们对休闲体育产品的消费需求。除此之外，人口特征对休闲体育产业的发展也具有重要的作用。据此构建各自的因果关系回路（见图 4-11）。

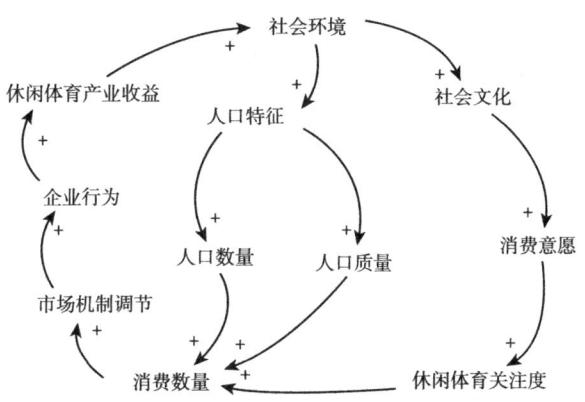

图 4-11 社会环境作用因果关系回路

图片来源：作者自绘。

回路一：社会环境能够从思想上影响消费者的意愿。以此来增加消费者对休闲体育产品和服务的需求。

消费意愿（＋）→关注度（＋）→消费数量（＋）→市场机制调节（＋）→企业行为（＋）→休闲体育产业规模（＋）→休闲体育产业生态系统演化（＋）→社会文化正反馈

回路二：社会环境中的人口特征从行为上影响消费。以此来增加消费者对休闲体育产品和服务的需求。

人口特征（＋）→消费数量（＋）→市场机制调节（＋）→企业行为（＋）→休闲体育产业规模（＋）→休闲体育产业生态系统演化（＋）→社会文化正反馈

（2）经济环境。

经济环境影响休闲体育产业生态系统的演化回路。经济发展对休闲体育产业生态系统演化的影响主要表现在两大方面，即影响演化的经济基础和通过个人可支配收入的增加影响消费需求（见图4-12）。

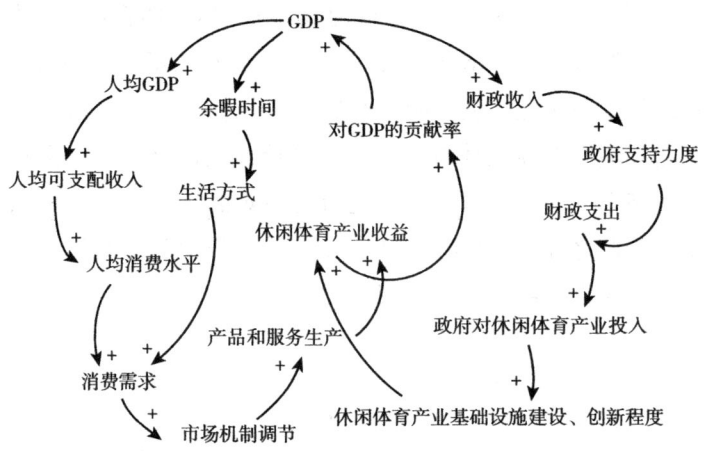

图4-12　经济发展作用因果关系回路

图片来源：作者自绘。

回路一：经济投入影响演化回路。经济环境的改善会促进政府、企业收入的增加，进一步会增加对休闲体育产业生态系统中相关企业的投入，改善企业行为，促进休闲体育产业生态系统的演化。

GDP（＋）→财政收入（＋）→政府支持（＋）→财政支出（＋）→政府对休闲体育产业投入（＋）→休闲体育产业基础设施建设、创新程度（＋）→休闲体育产业收益（＋）→休闲体育产业规模（＋）→对GDP的贡献率（＋）→GDP（＋）、经济发展正反馈

回路二：个人可支配收入影响演化回路。随着经济水平的提高，居民经

济收入也会显著增加，这会使人们的消费水平、消费结构、消费观念发生显著变化，势必会增加对休闲体育用品和服务的需求。这种需求增加会促使企业提升业务水平，增加供给以满足市场需求。

GDP（+）→人均 GDP（+）→人均可支配收入（+）→人均消费水平（+）消费结构改变，消费需求（+）→市场机制调节（+）→企业产品和服务生产数量、能力（+）→消费者购买量（+）→休闲体育产业收益（+）→对 GDP 的贡献率（+）→GDP（+）、经济发展正反馈

回路三：闲暇时间影响演化回路。休闲体育活动产生的一个前提条件是闲暇时间的存在。闲暇时间是指除了个人生活、学习、工作等可以自由支配的时间。马克思曾经指出，人们从事生产活动的目的是获取可以满足自身以及家庭所需要的产品和劳务。当经济社会发展到一定的程度时，人们将会留出一部分时间来进行自由支配而非全部用于劳动，这一现象也可以由向后弯曲的劳动力供给曲线得出。

GDP（+）→人均 GDP（+）→可支配收入（+）→余暇时间（+）→消费结构改变，消费需求（+）→市场机制调节（+）→企业产品和服务生产数量、能力（+）→消费者购买（+）→休闲体育产业收益（+）→对 GDP 的贡献率（+）→GDP（+）、经济发展正反馈

（3）资源要素。

资源要素影响休闲体育产业生态系统演化回路。这里的资源环境包括休闲体育产业生态系统内部环境中的金融机构和科研机构等因素，这些非休闲体育企业的主要职能是提供资金流、信息流，推动休闲体育产业的发展。本书以人才、金融的供给为主要研究对象，其因果关系回路如图 4-13 所示。

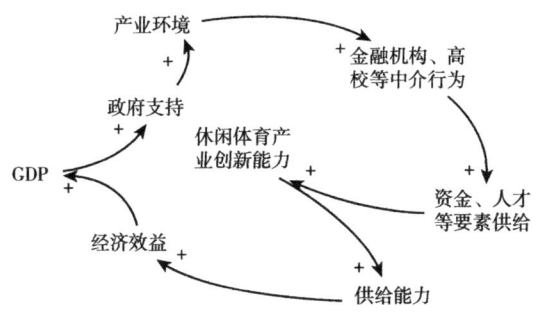

图 4-13　资源环境作用因果关系回路

图片来源：作者自绘。

中介行为（+）→资金、人才等生产要素（+）→休闲体育产业创新能力（+）→供给能力（+）→经济效益（+）→休闲体育产业规模（+）→GDP（+）→政府支持（+）→产业环境（+）→中介行为正反馈

2. 核心产业影响因素子系统

（1）需求方。

市场需求影响休闲体育产业生态系统的演化回路。人口数量的增加、社会经济的发展、人们休闲意识的提高、科技创新以及居民的受教育程度都会增加市场需求，市场需求对休闲体育产业生态系统演化的影响主要表现在两个方面，即国内环境和国外环境的改变均会对休闲体育产业产生相应的影响。因此依据这两个方面分别构建各自的因果关系回路（见图4-14）。

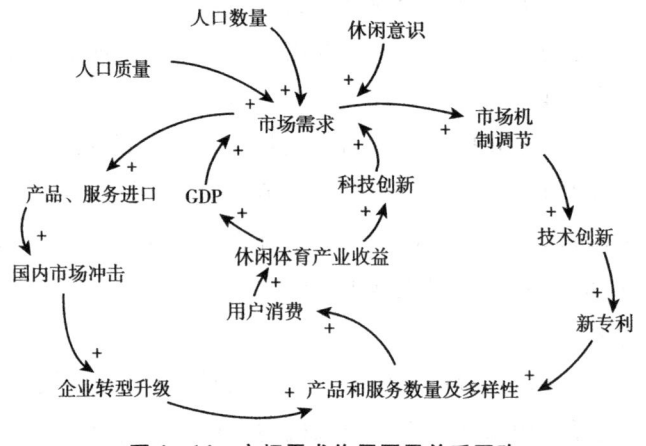

图4-14 市场需求作用因果关系回路

图片来源：作者自绘。

回路一：市场需求影响休闲体育产业的供给内容和发展方向。决定企业行为，推动技术创新，从而促进休闲体育产业生态系统不断实现有效演化。这也是典型的市场需求拉动产业发展。

市场需求（+）→市场机制调节（+）→技术创新（+）→产品和服务数量、产品多样性（+）→用户消费（+）→休闲体育产业收益（+）→对GDP的贡献（+）、科技创新（+）→市场需求（+）→市场需求正反馈最终会使技术不断升级、产品和服务不断升级

回路二：自中国加入WTO以来，国内市场环境高度开放，匡威、阿迪达斯等体育产品的进口增加，势必会对我国休闲体育产业的发展造成一定的冲

击,但同时又会刺激国内相关产业转型升级。

市场需求(+)、市场环境开放(+)→产品、服务进口(+)→市场冲击(+)→企业行为(+)→转型升级(+)→休闲体育产业规模(+)→休闲体育产业生态系统演化(+)

(2)供给方。

一是内部技术创新影响休闲体育产业生态系统演化回路。企业是休闲体育产业生态系统当中最基本的要素单元,其微观经济活动直接影响休闲体育产品和服务的供给,从而促进系统的发展。企业行为对其影响主要是指休闲体育产业中的企业行为影响。其构建的因果关系回路如图4-15所示。

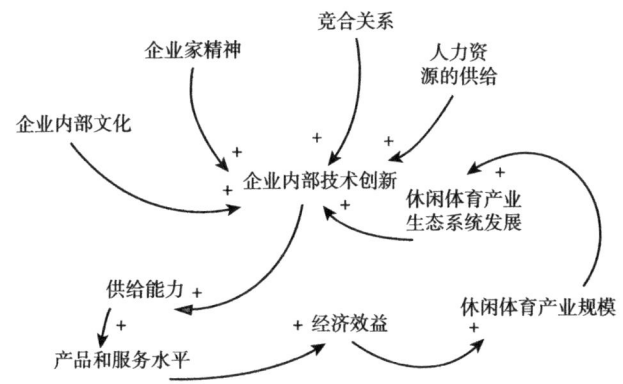

图4-15 内部技术创新作用因果关系回路

图片来源:作者自绘。

回路:企业技术创新影响演化回路。作为微观经济主体的企业,通过内部人力资源的供给、企业家精神的驱使等因素实现技术不断创新,提高了休闲体育产品和服务的供给能力,实现了企业经济效益。因果关系回路如下:

企业内部文化、企业家精神、产业内部的竞合关系等企业行为(+)→企业技术创新(+)→供给能力(+)→服务和产品水平(+)→经济效益(+)→休闲体育产业规模(+)→休闲体育产业生态系统演化(+)→企业行为正反馈

二是相关产业联动影响休闲体育产业生态系统演化回路。在产业联动、产业融合发展的大背景下,其他产业的发展动态会影响休闲体育产业的发展。除了互补产业的积极影响,替代产业的挤占效应则不利于休闲体育产业生态系统演化。其因果关系回路如图4-16所示。

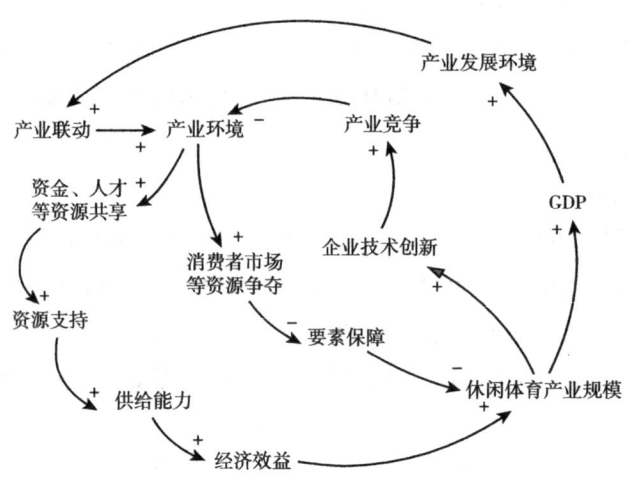

图 4-16　产业溢出作用因果关系回路

图片来源：作者自绘。

回路一：互补产业促进休闲体育产业生态系统演化。通过"休闲体育产业+信息业""休闲体育产业+流通业"等新兴业态的发展，最终实现休闲体育产业与互补产业双赢局面。

产业联动（+）→资金、人才等生产要素共享（+）→产业环境（+）→休闲体育产业发展必要的资源支持（+）→供给能力（+）→经济效益（+）→休闲体育产业规模（+）→GDP（+）→产业发展整体环境（+）→产业联动（+）

回路二：替代产业对休闲体育产业生态系统演化的影响回路。旅游业等替代产业通过挤占消费市场，对休闲体育产业的发展产生一定影响。

产业竞争（+）→争夺消费者市场、资金等要素（+）→产业环境（-）→休闲体育产业供给能力（-）→经济效益（-）→不利于休闲体育产业生态系统演化

三、休闲体育产业生态系统演化动力模型图构建

以上因果关系图以反馈回路形式清晰地表现了休闲体育产业生态系统演化过程中主要影响因素之间的作用关系。但是，休闲体育产业生态系统是一个复杂系统，除了上述所列回路还存在许多其他具有补充作用的反馈回路，此处不予一一列举。上述因果关系图仅从静态角度予以分析，根据系统动力

学仿真模型构建的要求,需要进一步绘制系统动力流图,通过绘制各变量的数学关系表达式来对不同性质的变量进行区分,以便进行科学的定量分析。根据邵桂华、满江虹(2010)"杯中斟水"一例的通俗描述①,因果关系图仅可表示出杯中水位在增加,而流图却可以详细表示出杯中水位上升的数量。

通过参照系统动力学流图绘制的基本符号,根据数据的可得性、可替换性,在考虑易操作的前提下,结合上文所绘制的因果关系图以及相关文献,比如张林玲和刘青(2019)的研究中,衡量群众体育的主要要素有:经常参加体育锻炼的人数、国民体质监测情况、体育场地设施情况、体育经费、指导员情况、体育社团、相关政策等指标②,在此基础上运用系统动力学软件 Vensim PLE 适当简化绘制出休闲体育产业生态系统演化的动力模型流图。尽管系统的影响关系作用复杂,但是考虑到数据获取的方便性,休闲体育产业发展的衡量数据主要从经济指标中选取。并且在阅读休闲体育产业统计公报等相关文献后发现,现有研究成果多数以产值作为基本指标来描述休闲体育产业发展现状,本书予以借鉴。因此本书以休闲体育产业产值来衡量休闲体育产业的发展,将其作为核心输出值。以休闲体育产业增长量作为速率变量。除此之外,系统中还存在一些其他具有累积性质的变量,如 GDP、人口,故本书将这三个变量作为水平变量。

本书构建的系统流图主要是有五种变量组成,依次为:

(1)水平变量。其值大小与速率变量有关,随着速率变量的流入而增加,随着速率变量的流出而减少。

$$\text{Levels}(t) = \text{Levels}(t_0) + \int_{t_0}^{t} \text{rate}(t)dt = \text{Levels}(t_0) + \int_{t_0}^{t} [\text{inflow}(t) - \text{outflow}(t)]dt \tag{4-1}$$

(2)速率变量。一方面,它用来衡量水平变量的变化程度;另一方面,它又受到常量 C、辅助变量 A 等其他变量的影响。

$$\text{Rate}(t) = \frac{d}{dt}\text{Levels}(t) \tag{4-2}$$

$$\text{Rate}(t) = f[\text{Levels}(t), \text{Aux}(t), \text{Data}, \text{Const}] \tag{4-3}$$

---

① 邵桂华,满江虹. 基于系统动力学的我国竞技体育可持续发展能力研究 [J]. 体育科学,2010,30(01):36-43,69.

② 张林玲,刘青. 四川省竞技体育与群众体育协同发展的系统动力学仿真研究 [J]. 成都体育学院学报,2019,45(05):42-50.

(3) 辅助变量。它可以通过系统内其他变量参数与其之间的定量关系得出。

$$Aux(t) = s[Levels(t), Aux(t), Data, Const] \quad (4-4)$$

(4) 常量。C 通常不随其他变量的变化而变化。

(5) 表函数。若变量方程无法通过上述一些形式得到，可以用表函数来确定变量方程。

$$Lookup\ name([(X_{min}, X_{max}), (Y_{min}, Y_{max})], [(X_1, Y_1), (X_2, Y_2), \cdots, (X_n, Y_n)]) \quad (4-5)$$

综上所述，本书构建的休闲体育产业生态系统演化流图如图 4-17 所示。

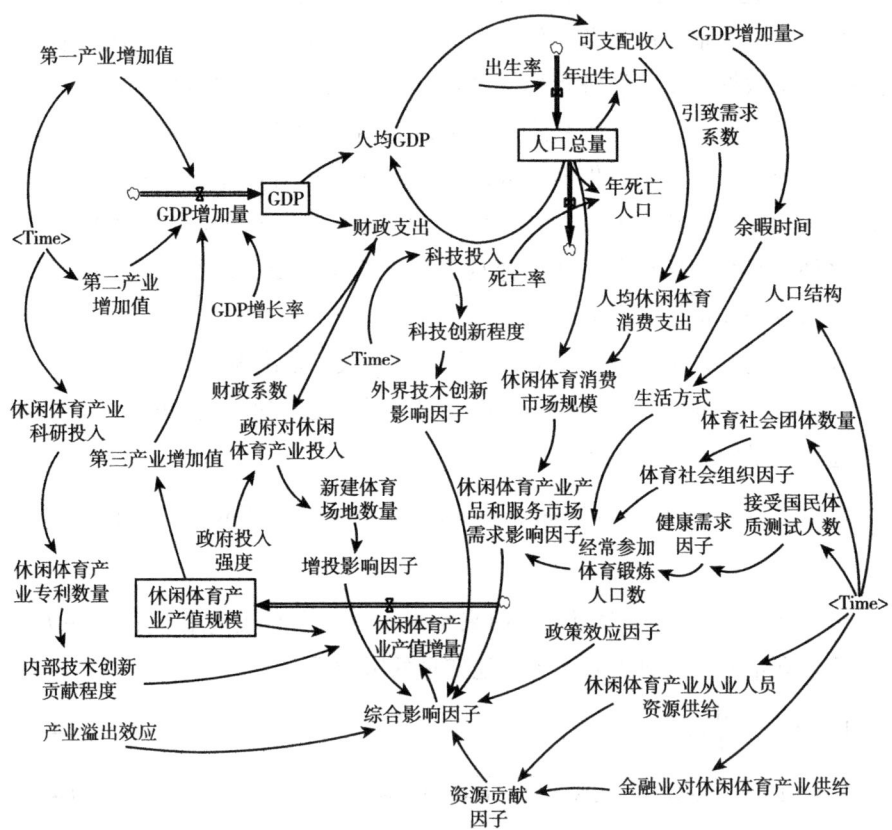

图 4-17　休闲体育产业生态系统演化流图

图片来源：作者自绘。

第三节 休闲体育产业生态系统演化的仿真分析

一、变量选取与数据来源

(一) 变量选取

本书构建的休闲体育产业生态系统 SD 模型主要变量具体如表 4-3 所示。

表 4-3　休闲体育产业生态系统演化 SD 模型主要变量一览

序号	变量名称	变量类型	量纲
1	休闲体育产业产值规模	L	亿元
2	GDP	L	亿元
3	人口总量	L	亿人
4	休闲体育产业产值增量	R	亿元/年
5	GDP 增加量	R	亿元/年
6	人口年增量	R	万人/年
7	第一产业增加值	A	亿元
8	第二产业增加值	A	亿元
9	第三产业增加值	A	亿元
10	科技创新程度	A	Dmnl
11	外界技术创新影响因子	A	Dmnl
12	科研经费投入额	A	亿元
13	人均 GDP	A	元/人
14	人均可支配收入	A	元/人
15	人均休闲体育消费支出	A	元/人
16	休闲体育消费市场规模	A	亿元
17	休闲体育产业产品和服务市场需求影响因子	A	Dmnl

续表

序号	变量名称	变量类型	量纲
18	政策效应因子	C	Dmnl
19	新建体育场地数量	A	个
20	财政支出	A	亿元
21	财政系数	C	Dmnl
22	政府投入强度	C	Dmnl
23	政府对休闲体育产业投入	A	亿元
24	增投影响因子	A	Dmnl
25	休闲体育产业从业人员资源供给	A	万人
26	内部技术创新贡献程度	A	Dmnl
27	产业溢出效应	C	Dmnl
28	出生率	C	Dmnl
29	资源共享因子	A	Dmnl
30	接受国民体质测试人数	A	万人
31	人口结构	A	万人
32	休闲体育产业专利数量	A	件

内部技术创新贡献：系统内部的影响因素企业技术创新对休闲体育产业产值增加的影响力；政府投入强度：政府的财政支出对休闲体育产业发展的影响力；产业溢出效应：其他相关产业发展（替代产业或者互补产业）对休闲体育产业发展的影响。政策效应因子：国家以及地方政策的制定与实施对休闲体育产业产值增加所带来的影响程度，本书将其设定为 0.22，表示目前我国政府部门已经出台相关政策，但是作用的发挥存在一定的延迟性。引致需求系数：居民可支配收入中对休闲体育消费的贡献程度。生育及人口政策因子表示政府相关政策对总人口存量的影响。

（二）数据来源

由于近年来良好的发展机遇与发展环境，使休闲体育产业迅速成长。但是，其目前仍然属于新兴产业，2010 年之前的统计工作尚不完善，因此本书应用前文所构建的系统动力学模型，结合我国当前休闲体育产业的发展现状，对2010—2030年我国休闲体育产业生态系统的演化过程进行仿真分析。其中居民人均可支配收入、人均GDP、总人口数量、GDP、全国总从业人员数、财政支出、专利授权量、R&D经费支出等相关数据指标数据均来自《中国统计年鉴》；出生率、死亡率、第一产业增加值、第二产业增加值、第三产业增加值数据来自于国家统计局；体育产业总规模、体育产业增加值、CII则是由国家体育总局、国家统计局以及中商产业研究院联合发布与整理；经常参加体育锻炼的人数及增长率数据来源于中国产业信息网；休闲体育产业财政拨款收入、休闲体育系统从业人员数来自于《体育事业统计年鉴》。金融业对该产业的投入指标来源于《投入产出表》。消费部分数据来自《中国体育产业发展报告》等政府部门报告；对于"产业溢出效应""政策效应因子"等数据是参考相关文献并结合历史检验获取。

针对部分休闲体育产业统计数据不完善、其他相关参数难以直接获取的情况，采用回归分析、算数平均数等方法进行处理，如本年度接受国民体质测试人数这一指标由于2014年度数据存在空缺，历年数据不存在明显的时间趋势，故采用历年平均数代替2014年的数据。人均休闲体育消费支出2014年值存在缺失，故用2015—2016年的增长率拟合出2014年的值，其他年份以此类推。

二、模型函数关系确立与有效性检验

（一）模型函数关系

所建立的休闲体育产业生态系统演化影响因素的流图中涉及多项参数，需要根据休闲体育产业的具体情况进行设定。除了可以直接从文献资料中获取，由于研究系统存在差异，有很大一部分数据仍然需要通过回归法、经验公式法、试凑法、算数平均法、趋势预测法等方法来获取。对于某些系数的确定，由于无法初步进行准确估计，故通过讨论和反复模拟调试，直至系统行为与实际状态较吻合，此时所选择的数值就可以确定为该变量的参数值。系统动力学中，关于参数确定的精确程度并不是模型构建的关键之处，而更加强调的是未来的演化趋势。

本书基于上述休闲体育产业生态系统的系统动力学流图，在参考其他相

关文献以及历史数据的基础上,建立主要变量的函数关系如下:

(1) INITIAL TIME = 2010,即模型分析以 2010 年作为初始年份;Units:年。

(2) FINAL TIME = 2030,即模型分析以 2030 年作为最终年份;Units:年。

(3) SAVEPER = TIME STEP。

(4) TIME STEP = 1;Units:年模拟的时间步长。

(5) GDP = INTEG(GDP 增加量,412119.3),即 2010 年的初始值为 412119.3 亿元。

(6) 人口总量 = INTEG(年出生人口 - 年死亡人口,13.4091),即 2010 年的初始值为 13.4091 亿人。

(7) 休闲体育产业产值 = INTEG(休闲体育产业产值增量,6563),即 2010 年的初始值为 6563 亿元。

(8) GDP 增加量 = (第一产业增加值 + 第三产业增加值 + 第二产业增加值)× GDP 增长率。

(9) GDP 增长率 = 0.1。

(10) 人均 GDP = GDP/人口总量。

(11) 居民的人均可支配收入与人均 GDP 的关系,运用 stata 计量软件来对居民的人均可支配收入与人均 GDP 进行回归分析。具体结果如表 4 - 4 所示。

表 4 - 4   回归系数

Model	Coef.	Std. Err.	P > | t |	t
人均 GDP	0.463784	0.0124313	0.000	37.31
(Constant)	-1840.306	606.2337	0.019	-3.04

因变量(Dependent Variable):人均可支配收入。

从上表可以看出,常数项和人均 GDP 回归系数的显著性水平分别为 0.019 和 0.000,远小于常用的置信水平 0.05,因此可以得到回归方程为:

人均可支配收入 = 0.463784 × 人均 GDP - 1840.306

(12) 人均可支配收入与人均休闲体育消费支出之间的关系运用 stata 计量软件进行回归分析,从而得到两者关系。具体结果如表 4 - 5 所示。

表4-5　　　　　　　　　回归系数

Model	Coef.	Std. Err.	P>|t|	t
人均可支配收入	0.1115317	0.0110565	0.000	10.09
(Constant)	-1134.109	230.2902	0.002	-4.92

因变量（Dependent Variable）：人均休闲体育消费支出。

从上表可以看出，常数项和人均可支配收入的回归系数的显著性水平分别为0.002和0.000，小于常用的置信水平0.05，因此可以得到回归方程为：

人均休闲体育消费支出 = 引致需求系数 × 人均可支配收入 - 1134.109

(13) 引致需求系数 = 0.111532。

(14) 休闲体育消费市场规模 = 人口总量 × 人均休闲体育消费支出。

(15) 休闲体育产业从业人员资源供给 = WITH LOOKUP〔Time,{[(2000,0)-(2050,50)],(2010,15.5527),(2011,15.7343),(2012,15.9749),(2013,15.2342),(2014,14.8247),(2015,14.9114),(2016,14.7657),(2030,13.0747)}〕

(16) 金融业对休闲体育产业供给 = WITH LOOKUP〔Time,{[(2000,0)-(2050,500000)],(2010,21434.3),(2011,25237.9),(2012,29716.4),(2013,34989.6),(2030,436239)}〕

(17) 人口结构 = WITH LOOKUP〔Time,{[(2010,80000)-(2030,110000)],(2010,99938),(2011,100283),(2012,100403),(2013,100582),(2014,100469),(2015,100361),(2016,100260),(2017,99829),(2018,99357),(2019,99815.3),(2020,99745.4),(2021,99675.5),(2022,99605.6),(2030,99046.5)}〕

(18) 科技投入 = WITH LOOKUP〔Time,{[(2000,0)-(2050,150000)],(2010,7062.6),(2011,8687),(2012,10298.4),(2013,11846.6),(2014,13015.6),(2015,14169.9),(2016,15676.7),(2017,17606.1),(2018,19677.9),(2030,83576.1)}〕

(19) 科技创新程度 = 科技投入 × 0.006342 + 82.6875。

(20) 政府财政支出与GDP有关，运用计量软件来对政府财政支出与GDP进行回归分析，从而得到两者之间的具体关系。政府财政支出 = 财政系

数 × GDP − 23487.41。

（21）财政系数 = 0.278。

对于财政系数的确定，本书运用 stata 软件对"政府财政支出"与"GDP"数据进行回归分析可得。结果如表 4 − 6 所示。

表 4 − 6　　　　　　　　　　　　财政系数

Model	Coef.	Std. Err.	P > |t|	t
GDP	0.2776773	0.0107822	0.000	25.75
(Constant)	− 23487.41	7155.082	0.013	− 3.28

因变量（Dependent Variable）：政府财政支出。

从上表可以看出，常数项和 GDP 的回归系数的显著性水平分别为 0.013 和 0.000，远小于常用的置信水平 0.05，因此可以得到回归方程为：

政府财政支出 = 0.278 × GDP − 23487.41

（22）政府对休闲体育产业投入 = 财政支出 × 政府投入强度。

（23）政府投入强度 = 0.002。

参考王向丽（2013）对于创意产业生态系统的研究，采用算数平均法来确定变量之间长期相对稳定的关系[①]。此处通过政府投入强度 = 体育产业财政拨款收入/财政支出求得（见表 4 − 7）。

表 4 − 7　　　　　　　　　　政府投入强度处理方式

年份	政府对休闲体育产业投入（亿元）	财政支出（亿元）	政府投入强度
2010	217.84	89874.16	0.0024
2011	297.04	109247.79	0.0027
2012	352.75	125952.97	0.0028
2013	244.77	140212.1	0.0017
2014	270.42	151785.56	0.0018
2015	303.38	175877.77	0.0017
2016	344.5	187755.21	0.0018
2017	290.1	203085.49	0.0014
2018	290.1	220904.13	0.0013

---

① 王向丽. 创意产业生态系统演化的影响因素分析 [D]. 天津：天津理工大学，2013.

(24) 休闲体育产业科研投入 = WITH LOOKUP〔Time,｛〔(2000,0) – (2050,500000)〕,(2010,11051),(2013,16021),(2014,11989.1),(2015,11051.2),(2016,96744.2),(2030,218441)｝〕

(25) 第三产业增加值 = 15.9485 × 休闲体育产业产值规模 + 94134.7。

(26) 生活方式 = (214/人口结构 × 227 + 254/余暇时间 × 227)/2。

该变量的确定是参考韩英许(2016)对我国健身俱乐部的研究文献来获取的。

(27) 产业溢出效应 = 0.33。

该变量的设定是在参考其他相关文献的基础上，结合模型仿真运行，在模型中反复调试，直到结果与实际情况相差较小时确定。产业溢出效应 = 0.33 表示，当前我国的休闲体育产业已经尝试与诸如旅游业等其他产业进行融合，但是融合力度有待提升。

(28) 死亡率 = 0.00713。

(29) 出生率 = 0.012。

(二) 模型有效性检验

系统动力学模型是对未来的现实世界进行估计，虽然并不能与现实世界完全吻合，但是偏差值需要保证控制在一定的范围之内，这需要进一步对所建模型进行有效性检验，以确保所构建的模型能真实准确地反映休闲体育产业的运作规律。常用的检验包括适应性检验、稳定性检验、历史检验和运行检验等。

(1) 适应性检验。

本书在构建休闲体育产业生态系统演化的动力模型之前，详细、全面的参考了体育产业、休闲体育产业、产业生态系统、生态系统演化等方面的文献，针对演化过程中的政治、经济、资源、文化、市场及内部创新等各个影响因素进行全面分析，建立了相应的因果关系图和流图。建模过程完全符合系统演化的实际发展规律，且相关指标体系的建立符合建模要求。

(2) 稳定性检验。

稳定性检验是指所建模型整体上处于一种稳定结构，内部任何一个因素数值的细微变化并不会对系统整体走势产生明显影响。本书选取模型中的关键变量"可支配收入"作为检测对象，将仿真时间步长分别设置为 0.25 年、0.5 年和 1 年，其运行结果如图 4-18 所示。

从图 4-18 可以看出，仿真步长的改变对可支配收入演化趋势的影响不大，故可以判断本书所建模型通过了稳定性检验。

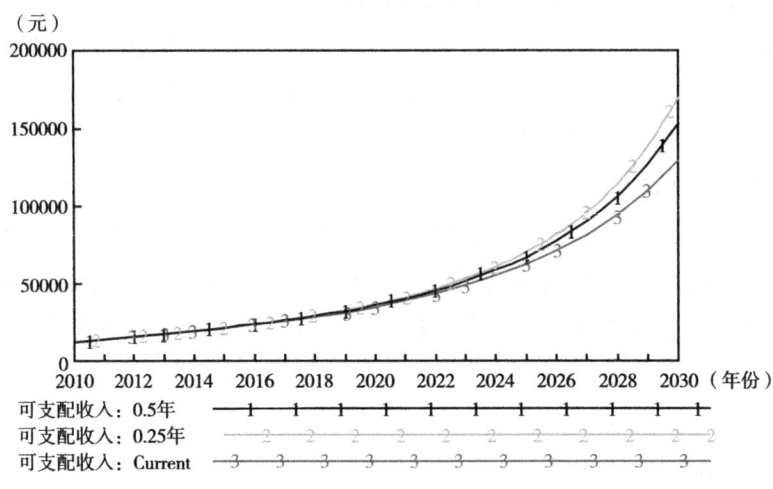

图 4-18　不同仿真时间步长下的可支配收入走势图

（3）历史检验。

历史检验就是通过运行模型所得出来的模拟值与实际数据进行比较，来进一步检验模型能否真实模拟实际情况。本书检验的时间范围为 2010 年至 2018 年，以年为单位，依据指标的重要性以及数据的可得性选取本书的三个水平变量进行历史数据检验。即计算上述变量仿真结果与真实值之间的误差，见式（4-6）。

$$\text{相对误差} = \frac{\text{仿真值} - \text{实际值}}{\text{实际值}} \tag{4-6}$$

通常认为，若变量的相对误差小于 15% 时，认为所构建模型的有效性较好。本书的历史检验结果如表 4-8、表 4-9、表 4-10 所示。

表 4-8　　　　　模型中 GDP 实际数据与仿真数据对比　　　　　单位：亿元

年份	GDP 实际值	GDP 仿真值	相对误差
2010	412119.3	412119	0.00%
2011	487940.2	455127	-6.72%
2012	538580	504165	-6.38%
2013	592963.2	557587	-5.97%

续表

年份	GDP 实际值	GDP 仿真值	相对误差
2014	643563.1	615741	-4.32%
2015	688858.2	678792	-1.46%
2016	746395.1	746137	-0.03%
2017	832035.9	819504	-1.50%
2018	919281.1	902720	-1.80%

误差平均值：-3.13%

表4-9 模型中休闲体育产业产值实际数据与仿真数据对比　　单位：亿元

年份	休闲体育产业实际值	休闲体育产业仿真值	相对误差
2010	6563	6563	0.00%
2011	7449	7714.49	3.56%
2012	9500	9081.49	-4.41%
2013	11000	10707.66	-2.66%
2014	13574.71	12645.84	-6.84%
2015	17107	14940.53	-12.66%
2016	19011.3	17674.78	-7.03%
2017	21577.48	21443.12	-0.62%
2018	24000	26123.80	8.85%

误差平均值：-2.42%

表4-10 模型中人口总量实际数据与仿真数据对比　　单位：亿人

年份	人口总量实际值	人口总量仿真值	相对误差
2010	13.4091	13.4091	0.00%
2011	13.4735	13.4744	0.00%
2012	13.5404	13.54	0.00%
2013	13.6072	13.606	0.00%
2014	13.6782	13.6722	-0.04%
2015	13.7462	13.7388	-0.05%
2016	13.8271	13.8057	-0.15%
2017	13.9008	13.8729	-0.20%
2018	13.9538	13.9405	-0.10%

误差平均值：-0.06%

由表 4-8 中 GDP、表 4-9 中休闲体育产业产值、表 4-10 中人口总量实际值与模拟值对比情况可知，系统模拟的结果与历史结果较为一致，系统主要因素的仿真结果相对误差基本控制在 10% 以内，误差平均值不足 5%。可以说，该模型通过了历史检验，仿真模拟数值与变量实际数值具有较好的拟合度（如图 4-19、图 4-20、图 4-21 所示），所以可以用上述所建模型作为分析我国休闲体育产业生态系统演化的依据。

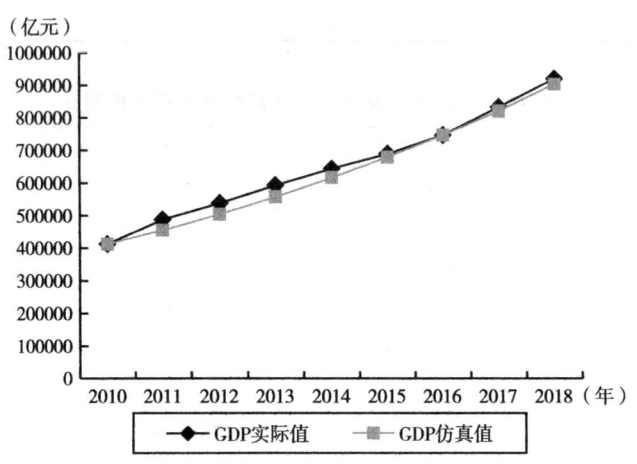

图 4-19　GDP 实际数据与仿真数据走势对比图

资料来源：作者绘制。

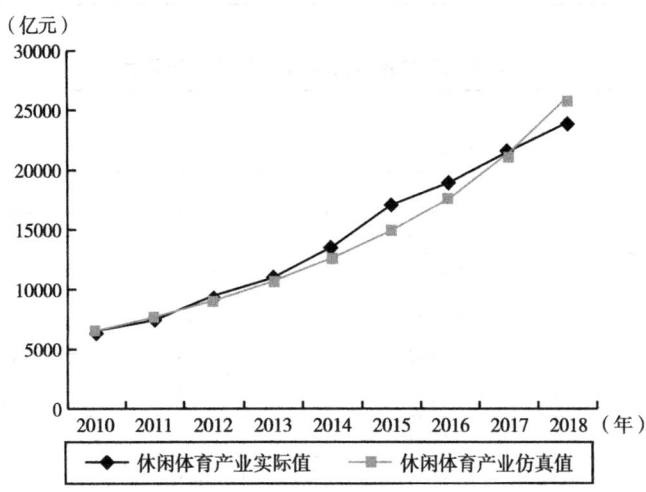

图 4-20　休闲体育产业产值实际数据与仿真数据走势对比图

资料来源：作者绘制。

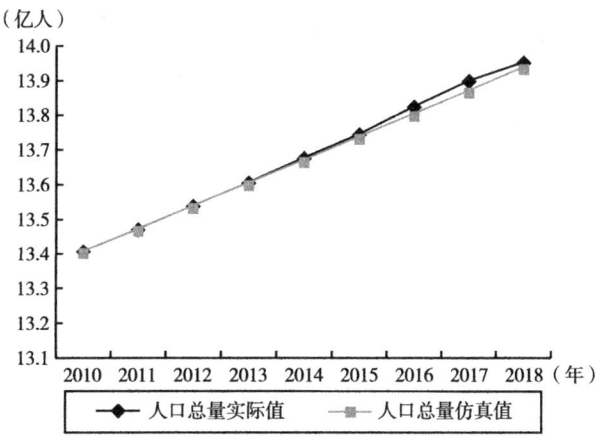

图 4-21　人口总量实际数据与仿真数据走势对比图

资料来源：作者绘制。

（4）运行检验。

运行检验主要是用来分析模型有无病态。通过 Check Model（见图 4-22）实现了对模型的检验，证明所建模型的合理性。

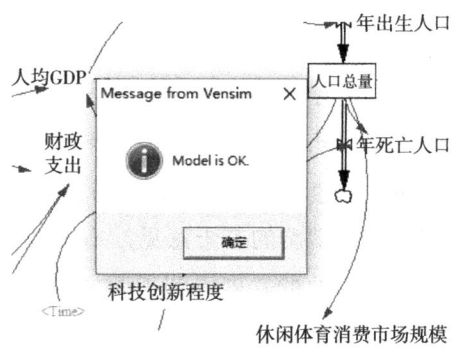

图 4-22　Check Model 结果

三、基准情形的趋势仿真与分析

系统动力学模型的优势之一是可以对未来的发展趋势进行仿真模拟。通过上述检验验证了模型的准确性，本节主要是运用 Vensim PLE 软件，在模型基本参数保持不变的情况下对我国休闲体育产业生态系统的未来发展趋势进行预测，得出我国休闲体育产业发展趋势图和各主要因素影响的相关性趋势图，预测时间截至 2030 年。下面以"休闲体育产业产值"这个重要指标来分析休闲体育产业生态系统未来的演化趋势，如图4-23所示。同时，由于无法用系统动力学精确仿真系统中的每个参数，故选取一些比较具有代表性的数据进行仿真，如人均可支配收入、休闲体育产业产值等，得到这些变量的初始仿真状态。

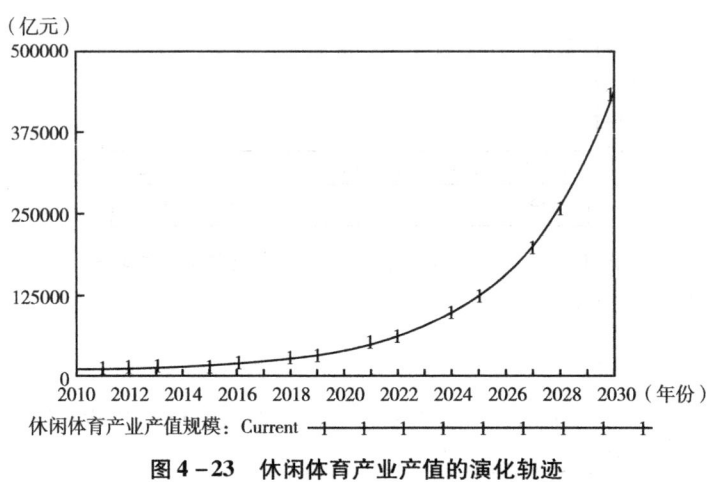

图4-23　休闲体育产业产值的演化轨迹

由图4-23可知，在我国经济平稳发展、政策相对稳定的前提下，我国休闲体育产业生态系统的演化整体上呈现阶梯式增长的发展趋势。其中，2010—2014年的休闲体育产业产值发展趋势较为平缓，2015—2025年我国的休闲体育产业以相对平缓的增速渐变式发展，这与2014年国务院发布的《关于加快发展体育产业促进体育消费的若干意见》等战略规划密不可分，此时体育产业，尤其是休闲体育产业的发展得到了国家各个层面的高度重视。在此之后，休闲体育产业经过前期积累，在国家战略带动、休闲体育产业全民化驱动、经济环境推动、市场机制引导等多因素的自组织、竞合作用下，逐步向更加合理、有序、良好的状态发展。这表明，近年来我国休闲体育产业在相关政策和大量资金、人才、技术投入的支持之下，取得了一定的成绩，但是当前仍然处于快速发展的萌芽阶段，因此在抓住机会的同时，继续保持甚至增强内外部环境便能维持休闲体育产业的持续稳定增长。

休闲体育企业的科研投入和内部技术创新对产业规模的影响。如图4-24和图4-25所示，在产业生态系统的演进中，休闲体育产业的科研投入与内部技术创新贡献变动趋势基本一致，休闲体育产业的科技投入影响内部技术创新的贡献大小。内部技术创新对于休闲体育产业产值增长的影响虽然略有变动，但整体上呈现出增长态势。而内部技术创新的贡献主要受到休闲体育产业科技投入的影响，因此在休闲体育产业生态系统演化过程中，内部科技创新具有促进作用，它是系统演化的重要内部因素。

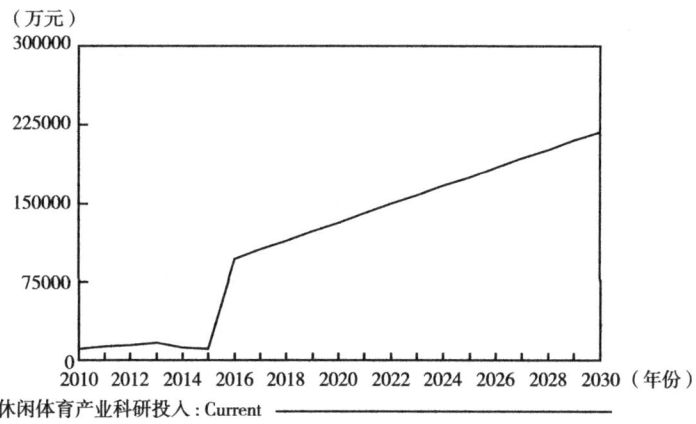

图 4-24　休闲体育产业科研投入变动曲线图

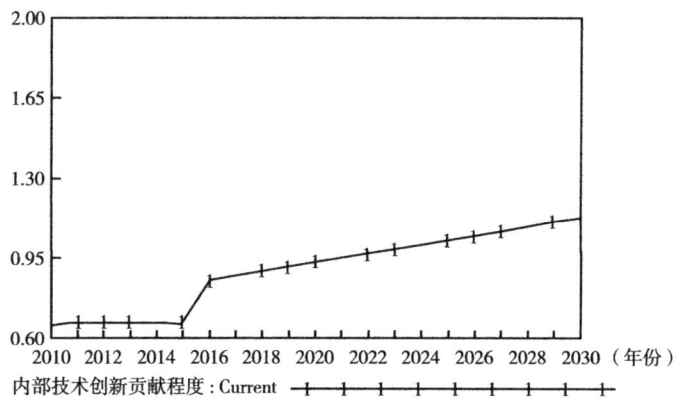

图 4-25　内部技术创新贡献变动曲线图

政府投入（见图 4-26）和科技创新环境（见图 4-27）对休闲体育产业产值增加也有一定程度的影响。前者反映的是政治环境，后者反映的是经济环境。从结果分析来看，政府对休闲体育产业的投入随着时间的后移呈现增长趋势，而政府财政支出增加的同时也带来休闲体育产业投入的增加。同样，科技投入的增加会进一步促进科技创新环境的改善以增加对系统演化的贡献，因此政治环境、科技环境对休闲体育产业生态系统的演化具有一定的促进作用。

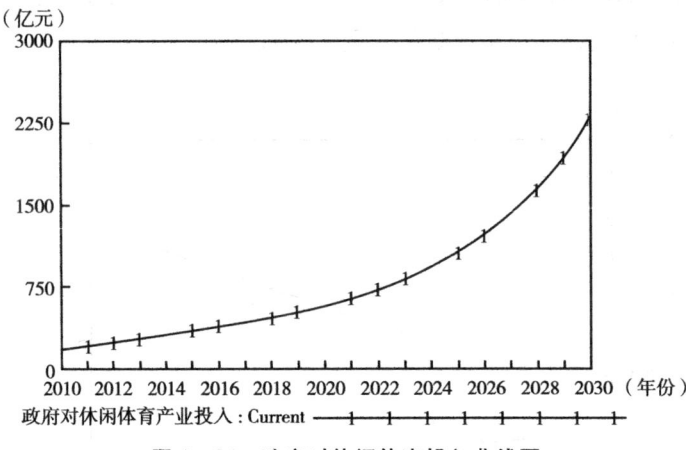

图 4-26　政府对休闲体育投入曲线图

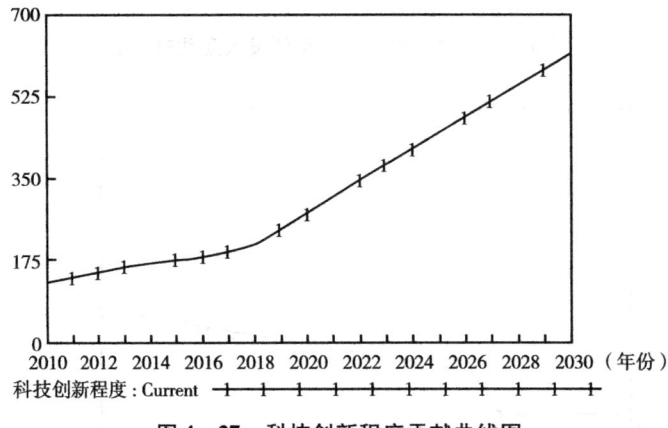

图 4-27　科技创新程度贡献曲线图

休闲体育市场消费环境和经济环境对休闲体育产业生态系统演化的贡献。作为外生变量，前者反映的是市场环境的影响，后者反映的是经济水平的影响。由结果（见图 4-28）可知，二者随着时间的推移呈现上升趋势，说明未来社会对休闲体育产业产品和服务的需求不断增加，进一步推动休闲体育产业产值的扩大。由图 4-29 可知，未来我国居民的可支配收入呈稳步提升态势，到 2025 年我国人均可支配收入有望达到 50000 元，到 2030 年可支配收入有望突破 100000 元，这为休闲体育产业生态系统的演化提供了必要的经济支撑。

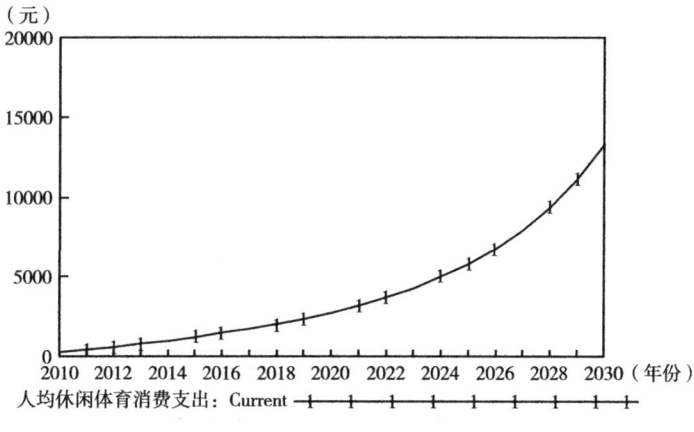

图 4-28　人均休闲体育消费支出曲线图

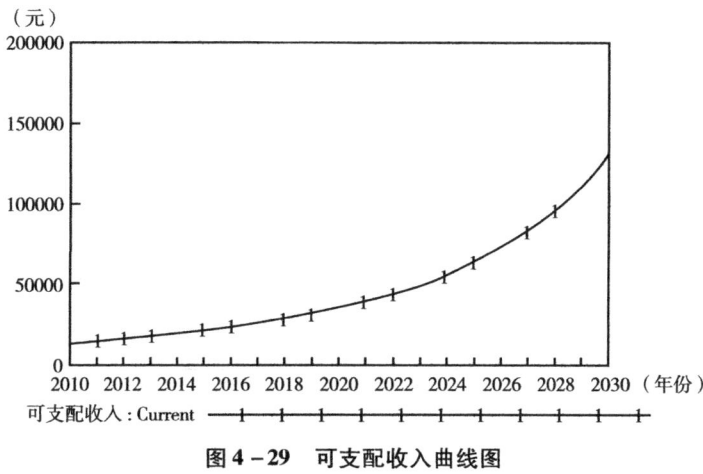

图 4-29　可支配收入曲线图

社会环境中人口情况对休闲体育产业产值增量的影响。通过历年来的人口数量以及人口增长的趋势来看（见图 4-30），之后几年，随着二孩政策的放开，我国的人口总量呈现不断上升趋势，2030 年我国的人口总量将会接近 15 亿人，这为休闲体育产业产品和服务的消费提供了强大的人口支撑；除了人口数量会对休闲体育产业消费造成一定的影响，人口结构的影响也不容忽视。在中国的传统观念中主张以静态进行修身养性，这在老年人中体现的越发明显。本书通过参考相关文献，以 15—64 岁的人口数量衡量我国当前的人口结构情况。由图 4-31 可知，我国青壮年的人口数量呈现略微下降趋势，人口结构呈现出了一定程度的老龄化趋势，这对休闲体育产业生态系统的演化具有一定的影响。

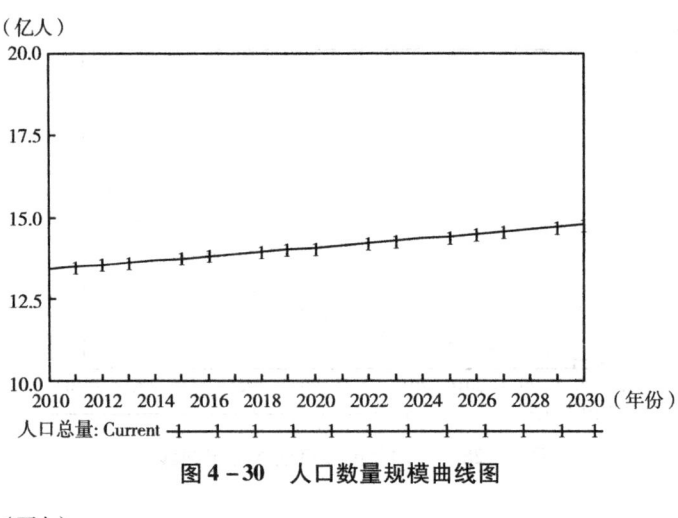

图 4-30 人口数量规模曲线图

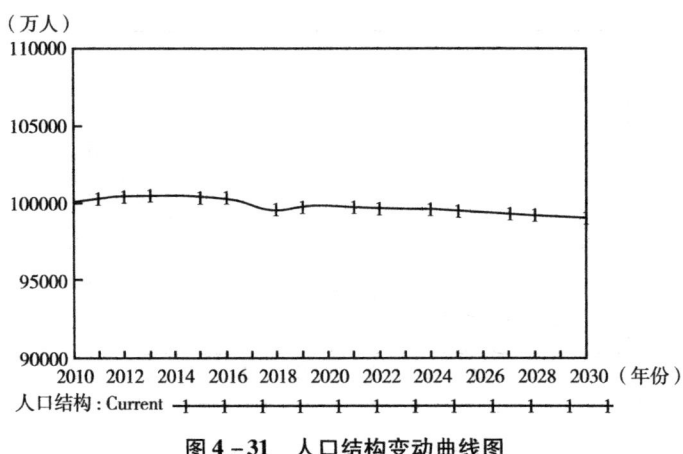

图 4-31 人口结构变动曲线图

习近平总书记在党的十九大报告中指出"没有全民健康,就没有全面小康"。休闲体育产业生态系统演化的总体目标是促进经济增长、带动社会就业、优化产业结构、满足市场需求,要实现这些目标的根本是提高休闲体育产业产值。如上所述,休闲体育产业生态系统的发展受到多重因素的影响,因此考虑综合因素更具有理论价值和实际价值。系统动力学方法通过调整虚拟条件下变量的初始值、表函数、常数,分析比较结果来为政策的制定提供科学依据。综合上文分析,本书选择"产业溢出效应""政策效应因子""政府投入强度""经济增长速率""金融业的资金供给""科技投入"等指标作为调控变量,通过改变其参数数值,对比观察"休闲体育产业产值"这一核心指标的变化,从而判断我国休闲体育产业未来发展方向。本书确定了以下方案:

方案一：调整政策效应因子。

通过调整政策效应因子，观测政府的间接表现对休闲体育产业产值的影响。其中，Current 表示初始状态，为了更加清晰的表示参数的影响作用，本书在参考其他文献的基础上，分别将政策效应因子在原始状态的基础上扩大 2 倍至 0.44 和缩小 0.5 倍至 0.11，得到仿真结果如图 4-32 所示。仿真结果表明，随着政府政策效应因子的改变，休闲体育产业产值在调整前后发生明显变化。在政策效应因子提高 2 倍之后，休闲体育产业产值有较为明显的提高；而在政策效应因子下降 0.5 倍之后，休闲体育产业产值同样出现下降态势，但下降趋势相较于提高两倍后的结果来说较弱。由此表明，政府的间接行为能够使休闲体育产业在较高水平上发展，对休闲体育产业生态系统的演化具有明显的正向效应。从当前我国休闲体育产业产值增长的表现来看，政府政策因子的影响效果有待提升，其中主要原因在于政府政策作用的发挥具有一定的滞后性。因此，如何有效发挥政府的政策支持作用对休闲体育产业生态系统的演化至关重要。

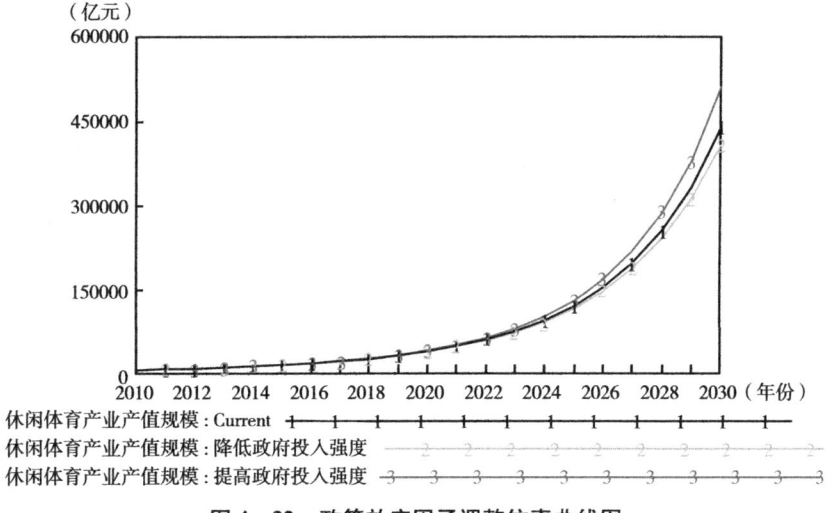

图 4-32　政策效应因子调整仿真曲线图

方案二：调整政府对休闲体育产业的投入强度。

通过调整政府投入强度，观测政府的直接资金支持对休闲体育产业产值的影响。本书将该系数在初始情景下分别扩大 2 倍和缩小 0.5 倍，得到仿真结果如图 4-33 所示。仿真结果表明，政府的直接行为能够增加休闲体育产业生态系统演化所需的资金供给，使休闲体育产业在较高水平上发展，对休闲体育产业生态系统的演化具有明显的促进作用。

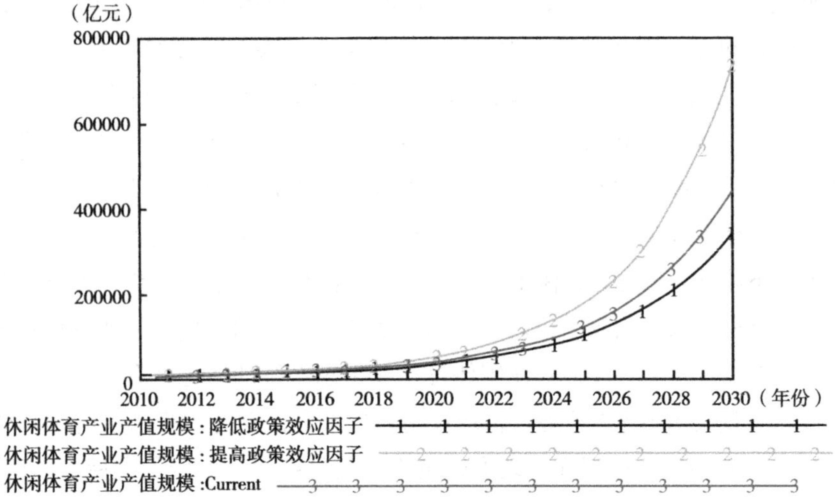

图 4-33 政府投入强度调整仿真曲线图

方案三：调整经济增长速率。

通过调整社会经济的增长速率，观测经济水平的变动对休闲体育产业产值的影响。本书将该系数在初始情景下分别扩大 2 倍和缩小 0.5 倍，得到仿真结果如图 4-34 所示。仿真结果表明，社会经济的快速发展有利于休闲体

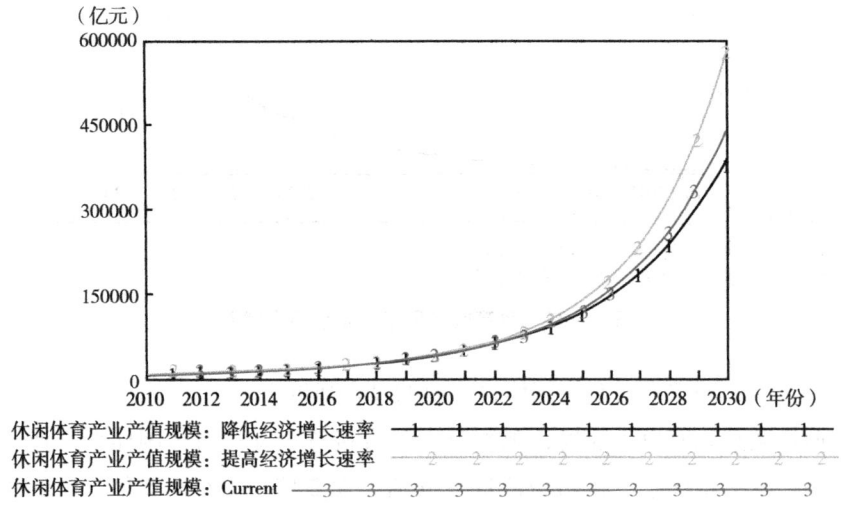

图 4-34 经济增长调整仿真曲线图

育产业产值的增加,而社会经济发展速率的降低对休闲体育产业的产值增加有些许影响。因此,良好的经济环境会进一步推动我国休闲体育产业生态系统的优化发展。

方案四:调整科技投入。

通过科技投入强度,观测科技投入变动对休闲体育产业产值的影响。本书将该变量在初始情景下分别上下浮动2倍和0.5倍,得到仿真结果如图4-35所示。仿真结果表明,科技投入的提高能够改善休闲体育产业生态系统演化的科技环境,使休闲体育产业在较高水平上发展,对休闲体育产业生态系统的演化具有促进作用。

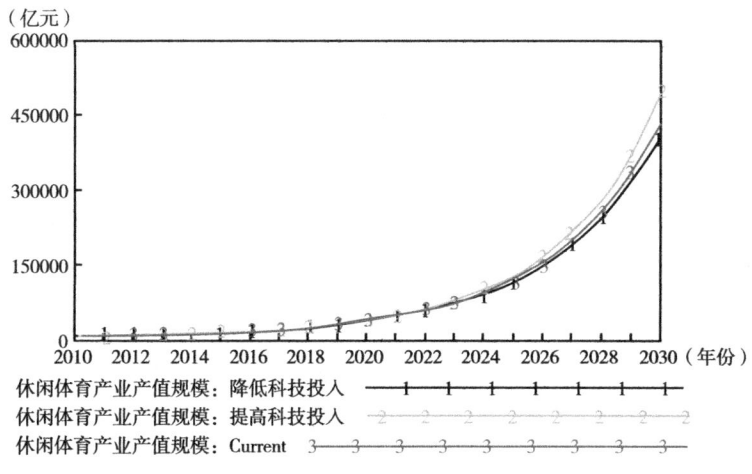

图4-35 科技投入调整仿真曲线图

由图4-36综合调整仿真曲线可以得出,各外部因素的同步提高有助于我国休闲体育产业朝着更好的方向发展。同时,各因素的稳步提高均有助于休闲体育产业产值的增加,但影响程度有异。其中,起主要作用的是良好政治环境的支持,对属于新兴产业的休闲体育产业来说,当前正值休闲体育产业生态系统演化的初级阶段,市场各项配套机制尚不健全,通过制定政策和战略可以进一步完善市场功能,而且政府的间接政策支持更优于直接资金供给;其次是良好的经济环境保障,它不仅可以通过增加人均可支配收入来扩大休闲体育产业产品和服务的消费市场,而且可以通过增加政府的财政收入来增加对该产业的资源供给;科技环境的改善相较于其他因素,所起到的作用不明显。

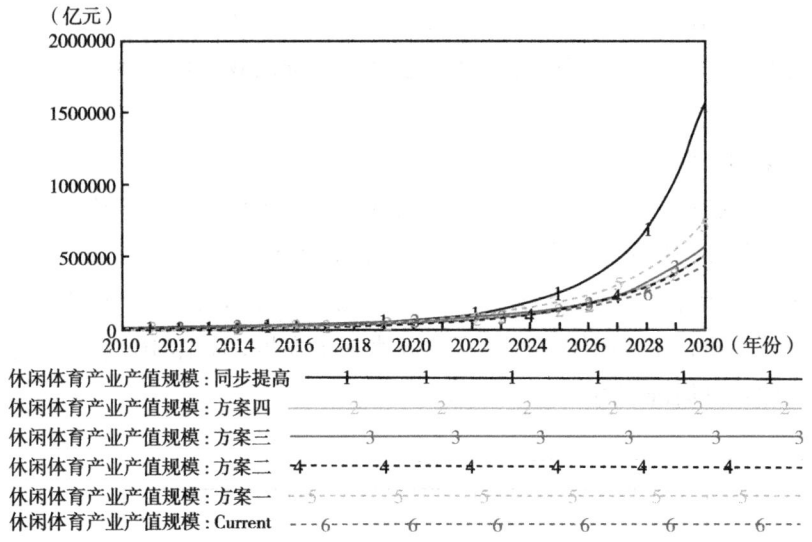

图 4-36　综合调整曲线图

方案五：调整产业溢出效应。

产业溢出效应是指其他相关产业发展对休闲体育产业发展的影响。本文将该系数在初始情景下分别上下浮动，得到仿真结果如图 4-37 所示。仿真结果表明，其他产业的快速发展，比如旅游产业的发展，为休闲体育产业的快速发展提供了更加新颖的思维模型，通过融合使休闲体育产业的产品和服务的类型更加多样化。

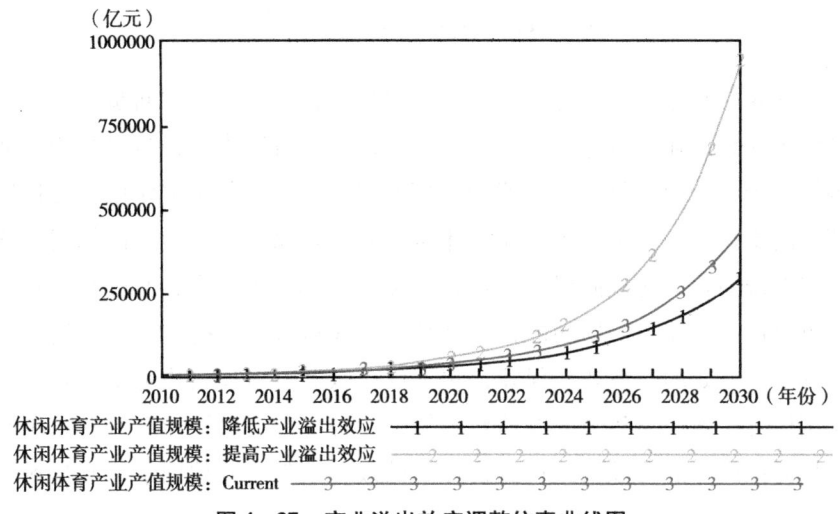

图 4-37　产业溢出效应调整仿真曲线图

方案六：调整金融业的资金供给。

休闲体育产业的发展当前仍然处于起步阶段，必然需要大量的资金支持。通过分析研究先前文献可知，目前休闲体育产业发展所需的大量资金均来源于政府，资金供给渠道有待进一步拓宽。通过政策模拟可知，若将金融业的资金供给能力提高2倍，我国的休闲体育产业产值将会增加；而将其下降至0.5倍，休闲体育产业产值将会产生明显下降（见图4-38）。因此，拓宽金融业等其他资金供给渠道有助于休闲体育产业生态系统的良好发展。

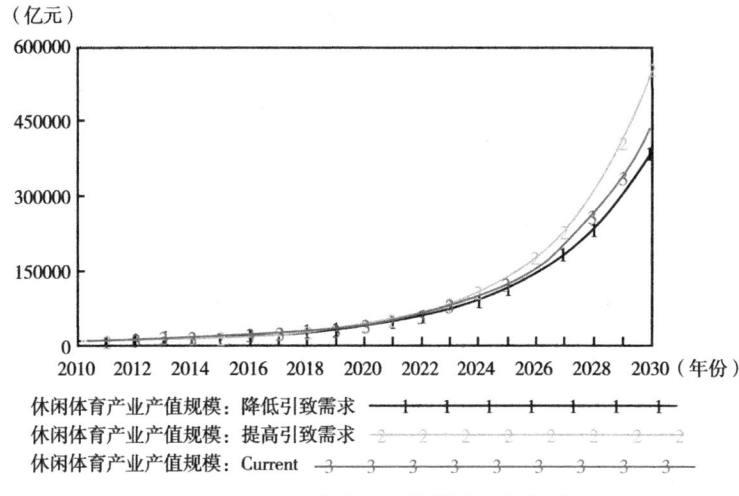

图4-38 金融业资金供给调整仿真曲线图

方案七：调整引致需求。

通过引致需求系数的调整，观测市场需求情况对休闲体育产业产值的影响。通过政策模拟可知，若将引致需求系数提高2倍，我国的休闲体育产业产值将会增加；若将其下降，休闲体育产业产值将会明显下降，这说明市场需求的增加对休闲体育产业产值的影响显著：一方面，市场需求代表了消费者的购买意愿和购买能力；另一方面，企业在市场需求的调控下可以更加充分、高效地整合和利用资金、人才、信息等资源（见图4-39）。

方案八：调整企业科研资金。

如今，我国的产业模式开始从"中国制造"向"中国创造"转型，这就要求产业内部必须通过技术创新来迎合发展趋势，休闲体育产业也不例外。

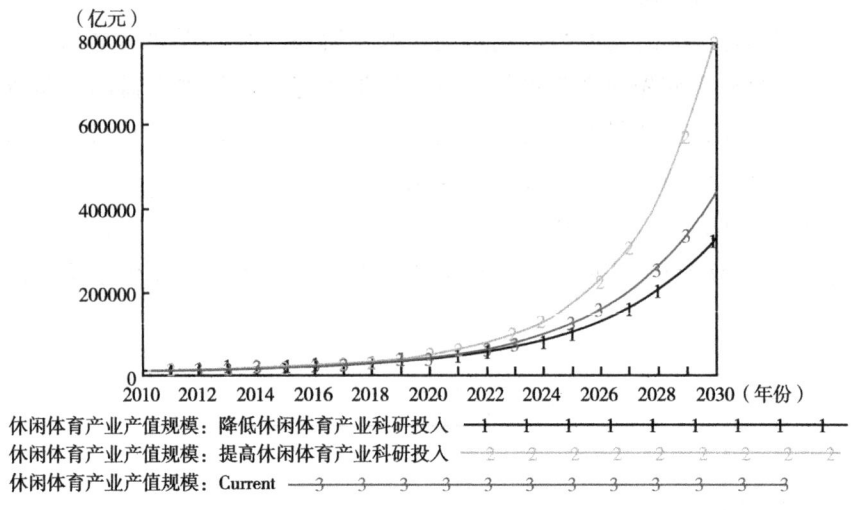

图 4-39　引致需求调整仿真曲线图

休闲体育产业产品和服务的生产必须以科学技术作为支撑，通过增加消费者的受众面积、满足消费需求来达到产值增加的目的。由图 4-40 可知，增加休闲体育产业的科技投入对产值的增加具有明显的促进作用。

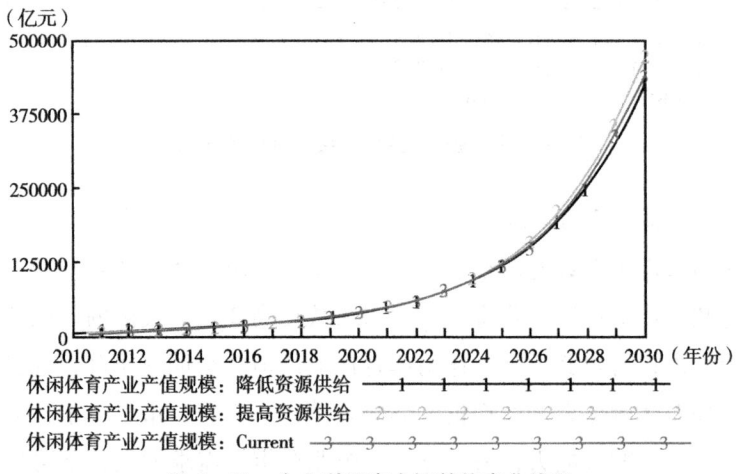

图 4-40　企业科研资金调整仿真曲线图

本书在方案五到方案八四个影响因素方案的基础上进行进一步的综合分析，结合初始方案，将六种方案进行对比分析。通过观察不同方案对休闲体育产业产值的不同影响趋势，提出了更加有针对性的政策建议。

从图 4-41 中不同方案的综合作用结果来看，不同方案对休闲体育产业产值规模的影响程度存在差异。综合比较几种方案可知，系统中各个因素的同步提高对休闲体育产业产值规模的提升效果是最好的，其走势图明显优于其他方案；同时由图 4-41 可知，单独调整各个参数的其他方案对休闲体育产业产值的发展仍然具有一定的促进作用。其中，方案八、方案五的效果明显优于其他方案，方案八较方案五更优，这就说明上述各因素的调整对休闲体育产业生态系统的演化均具有正向促进作用，产业溢出效应、企业内部创新等因素对休闲体育产业产值增加影响很大。通过产业之间的融合、企业内部的创新可以进一步丰富休闲体育产业产品和服务数量的供给，满足市场需求，提高产品竞争力。其次，市场环境改善对休闲体育产业的影响较大，上升幅度较高，但是较于上述两个因素作用较小，这主要是因为大众的消费观念和社会观念使得人们对休闲体育的消费积极性不高，拉动效应较小。

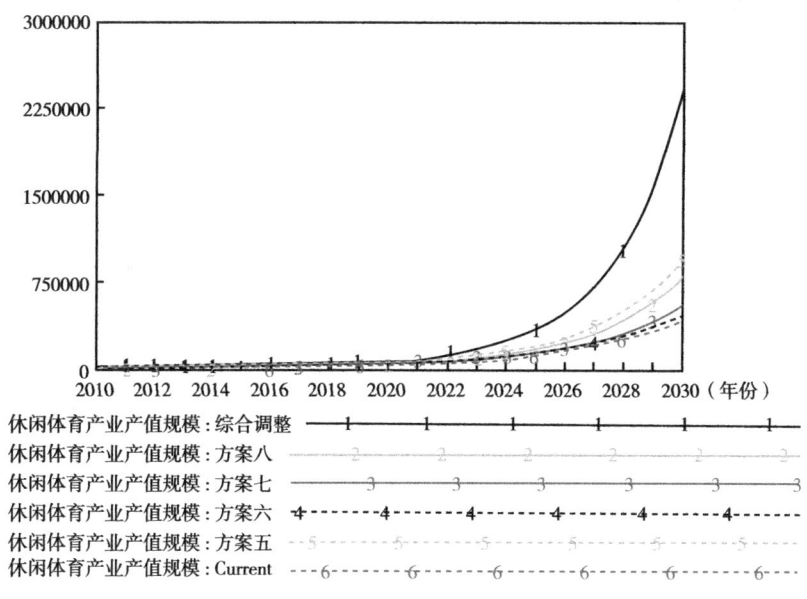

图 4-41　综合调整仿真曲线图

促进休闲体育产业生态系统发展应该考虑综合因素，用系统的眼光调控各因素对休闲体育产业的影响，逐步提高休闲体育产业发展所需的资金、人才等资源供给，实现产业联动发展；除此之外，政府应该积极主动发挥宏观调控作用，为休闲体育产业生态系统的演化提供良好的政治环境；而且，良好的经济环境也是系统演化的关键，同时需要注重科技进步的影响。总之，通过上述分析，全面发展型的策略要优于核心驱动型的发展策略，更要优于传统发展型的战略指导。

本章小结

第一，在对我国休闲体育产业发展现状进行分析后发现，当前我国的休闲体育产业仍然处于萌芽阶段和发展关键时期，虽然形势一片向好，但在具体实践过程中仍然存在一些问题。因此要把握发展机遇，实现休闲体育产业生态系统的可持续发展。

第二，以影响因素为基础，通过可视化的因果关系图和流程图分析了各因素之间的因果反馈关系以及对休闲体育产业产值的影响机理，构建休闲体育产业生态系统演化的 SD 模型。

第三，结合现状，通过政策模拟，发现外部影响因素中，政府的直接资金支持和间接政策干预、经济环境的进一步改善、科技创新水平的提高均对休闲体育产业的发展具有显著影响，且政治环境的改善相较于经济、科技因素作用更加明显。

第四，内部影响因素中，资金供给的改善、产业融合与联动发展、企业内部的创新行为、市场环境的改善均对休闲体育产业生态系统的演化有益。其中，产业之间的融合发展、企业内部创新均会增加企业的供给能力，满足大众对产品和服务质量和数量的需求，两者对休闲体育产业生态系统的演化作用较为明显。同时，资金供给、市场需求对产业生态系统的影响也不容忽视。

第五章

休闲体育产业高质量发展评价研究

休闲体育产业作为一个新兴产业，不仅满足了居民个性化、多元化的休闲需求，而且促进了区域公共服务水平的提升和人们生活品质的提高。近年来，随着生活质量的改善、科学与技术的发展，人们更加重视对精神世界的追求，越来越多的人开始进行休闲活动，休闲体育消费在普通百姓日常生活中越来越重要。在产业生态系统理论下，休闲体育产业只有实现更高质量的发展才能促进休闲体育产业生态系统的良性运行，如何进一步推进休闲体育产业高质量发展，是未来休闲体育产业发展中应当思考的问题。

第一节 休闲体育产业生态系统高质量发展研究基础

一、休闲体育产业高质量发展的内涵与特征研究

（一）休闲体育产业高质量发展的内涵

基于对我国经济发展阶段的准确判断，2017年国家正式提出我国经济增长由高速增长向中高速增长"软着陆"，明确了经济高质量发展的总思路。高质量发展是经济增长速度与质量的协调，是短期利益与长期利益的平衡，是不可逆转的趋势。在高质量发展阶段，我们不是单纯地追求规模扩张的速度，而是要追求效率更高、供给更有效、结构更高端、更绿色可持续以及更和谐的增长，甚至可以部分放弃对经济增长速度的追求，而达到更高质量的发展。体育产业是满足人民群众对美好生活向往的朝阳产业、绿色产业和健康产业，党中央、国务院高度重视体育产业的发展：一方面，经济社会步入后工业化时代对服务业提出了快速发展要求，体育产业也面临高速发展的产业成长要求；另一方面，为了适应国家经济高质量发展转型的需要，实现休闲体育产业生态系统的健康运行，要不断提高体育产业发展质量。为此，本阶段体育产业既要实现高速度增长，又要推进高质量发展。

目前，关于体育产业高质量发展，学者们从其基本内涵、面临问题、动力机制、高质量发展评价等角度进行研究。郭晗和任保平（2020）从增长效应、结构效应、竞争效应、社会效应等方面分析了新发展阶段下体育产业实

现高质量发展的内在逻辑，并基于"微观供给—中观融合—宏观治理"的分析框架，构建了体育产业高质量发展的基本内涵①。王晨曦和满江虹（2020）依据"动力变革、效率变革、质量变革"建立中国体育产业高质量发展评价指标体系，并以某市2015—2017年体育产业统计数据为例，采用熵权法对所构建的中国体育产业高质量发展评价指标体系进行实证检验②。张擎和柴王军（2020）则通过文献资料法、逻辑分析法，从体育产业发展质量低的总体表现、主要制约因素和发展困难的内在原因三个方面出发，提出体育产业高质量发展的实现路径③。王先亮等（2020）进一步运用高质量发展"三层次"理论和双维度评价理论，研究体育产业高质量发展的导向、价值、动力接驳和路径遵循④。而关于休闲体育产业的高质量发展，现阶段研究少之又少。喻科和喻坚（2020）分析了新时代我国县域休闲体育产业发展的现实问题，并在此基础上提出促进新时代我国县域休闲体育产业高质量发展的主要路径⑤。马利超和佘宏靓（2020）通过实地调查、文献资料法等，从资源、市场、产品三个方面，运用RMP分析方法对河西走廊体育旅游产业进行调研，并提出体育旅游高质量发展的对策⑥。对于休闲体育产业，我们不仅强调数量式增长，更加注重休闲体育产业发展的经济和社会效益，从而推动高质量发展的实现。

结合已有的体育产业及休闲体育高质量发展的相关研究，本书将休闲体育产业高质量发展的内涵概括为：以经济高质量发展为目标，实现休闲体育产业规模壮大、质量效益提升、结构优化、动能转型升级、资源配置优化和价值最大化的有机统一；它是休闲体育产业发展的稳定性、协调性、创新性、高效性和可持续性的综合，是释放产业发展活力、激发产业发展创新力、增

---

① 郭晗, 任保平. 新时代我国体育产业的高质量发展：逻辑生成与路径选择 [J]. 西安体育学院学报, 2020, 37（03）：291 – 297.
② 王晨曦, 满江虹. 中国体育产业高质量发展评价指标体系的构建：基于动力变革、效率变革、质量变革 [J]. 首都体育学院学报, 2020, 32（03）：241 – 250.
③ 张擎, 柴王军. 体育产业高质量发展面临问题与实现路径 [J]. 湖北体育科技, 2020, 39（05）：398 – 401.
④ 王先亮, 杨磊, 任海涛. 我国休闲体育产业的特征及布局 [J]. 体育学刊, 2015, 22（02）：42 – 46.
⑤ 喻科, 喻坚. 新时代我国县域休闲体育产业高质量发展的路径研究 [J]. 体育研究与教育, 2020, 35（02）：17 – 21, 27.
⑥ 马利超, 佘宏靓. 基于RMP分析的河西走廊体育旅游产业高质量发展研究 [J]. 兰州交通大学学报, 2020, 39（02）：140 – 146.

强产业发展竞争力、促进产业发展可持续、满足人民日益增长的美好生活需要的高质量型发展。

(二) 休闲体育产业高质量发展特征

休闲体育产业高质量发展既是对"高质量发展"国家战略的积极响应，也是未来体育产业健康可持续发展的现实需求。在此，本书将休闲体育产业高质量发展的特征概括为以下五个方面：

第一，稳定性。发展的稳定性是产业高质量发展的表现，产业经济增长缺乏稳定性，产业发展的根基就不会稳固，更不会长远和持久。高质量发展要求提高产业经济增长的稳定性，避免剧烈的波动对自身和相关产业造成冲击。就休闲体育产业而言，高质量发展意味着必须保持增速稳定，不能出现大起大落的波动；即在产业保持一定的增长规模和速度的同时，实现产业发展质量的不断提升，使产业结构更合理优化、供给更加高端、生态环境更加绿色可持续、投入产出效率更高、发展动能更倾向于创新驱动、更好地满足人们对休闲体育的需求等。

第二，协调性。协调是休闲体育产业可持续发展的基本要求，在新时代建设"体育强国"的大背景下，不仅要强调增加体育发展的整体增量，更要强调体育发展增量的协调性配置。协调是指系统内部各个组成部分相互协调、取长补短、共同发展的过程。坚持协调发展新理念，要求体育产业内部实现均衡发展，促进体育产业与经济社会的协调发展，提升体育产业整体规模和质量，推动体育产业可持续发展。

第三，创新性。创新是推动高质量发展的基石，是增强中国体育产业竞争力、提升中国体育产业能级、维持中国体育产业活力的动力，只有不断增强创新驱动力，才能在高起点上实现更高质量、更可持续的发展。在高质量发展的时代背景下，我们可以充分利用科技迅猛发展的动力，将创新元素不断注入产业发展之中，扩展科技成果在产业中的应用，加强自主创新建设，提高创新要素使用率，丰富休闲体育产品，积极推进创新动能转换，促进休闲体育的产业高质量发展。

第四，高效性。休闲体育产业高质量发展是通过提升中国体育产业中企业主体的效率，以既定的资源投入与科技投入获得最大的产出，休闲体育产业效率是休闲体育产业竞争力的体现。中国体育产业发展处于初级阶段时，基础资源要素起主要作用；在处于中高级阶段时，中国休闲体育产业创新等体现技术效率的要素则是决定中国休闲体育产业高质量发展的关键。要素产出率的提升在中国休闲体育产业高质量发展的过程中是重点，而高质量与高效率是相辅相成的，中国休闲体育产业要素的优化配置是高质量发展的主线，贯穿中国休闲体育产业高质量发展的全过程。

第五，可持续性。可持续发展是当今世界的潮流，更是新时代我国人民对美好生活的迫切需要，也是休闲体育产业生态系统建设的重要因素。休闲体育产业的可持续发展不仅是为了契合国家整体的发展理念，更是为了积极践行体育与自然和谐共处的价值诉求，使体育的发展能够与生态文明相契合，也是休闲体育产业高质量发展的应有之义。因此，在高质量发展时代，坚持可持续发展理念，要重视体育产业发展的速度，更要重视与生态文明建设的契合，强化产业生态系统与自然环境保护的力度，增强全民生态忧患意识，构建人与自然和谐发展新格局，营造生态文明新风尚，提高休闲体育产业高质量发展的可持续性，延长休闲体育产业生态系统的生命周期。

二、休闲体育产业高质量发展评价指标体系构建

（一）指标体系的构建原则

指标体系的构建是本书研究的重点，也是难点，建立指标体系是评价的前提和基础，其准确科学与否，将直接影响应用到评价中的效果。休闲体育产业高质量发展评价体系是在明确界定了其内涵的基础上，结合休闲体育产业发展的实际情况，采取层次性划分指标的方式所构建的。为了确保该评价指标体系的全面有效，本书认为休闲体育产业高质量发展评价指标体系构建应遵循以下三个原则：

第一，系统性与独立性原则。产业的高质量发展是多个因素共同作用的结果，所以构建评价指标体系时既应将休闲体育产业高质量发展视为一个完整系统，又要注意其系统内部各要素的独立性，使指标体系体现系统性与独立性：一方面，为防止由于评价指标设计片面化导致评价结果出现不符合实际的情况，选择和设计指标时围绕所确定的逻辑框架以多层次、多方位、多指标的方式揭示其系统性，构建一个完整、全面、科学的测评工具；另一方

面,评价指标体系中的各项指标应保持一定的区别,即彼此相互独立、不重叠;同一子系统或同一层次的各指标相互之间也不应存在因果关系,不能交叉重复。

第二,动态性与可操作性相结合原则。休闲体育产业高质量发展是一个动态的过程,因此其评价指标体系也必须具有动态性,根据发展的实际情况对指标进行更新与替换,所挑选指标要能有效地反映当下休闲体育产业发展的情况;并且选取的评价指标要具有可操作性,受现实条件的限制,应选择代表性强且能有效反映评价维度的指标,提高操作上的可行性。

第三,可获取性和可比性相结合原则。选取的指标数据必须是真实的、可以获取的,而不是笼统的和抽象的,指标数据能直接或间接来源于国家和地方的官方数据,获取的数据是真实可靠的;而指标在不同对象和时间上是发展变化的、有差异的,才能对指标数据在变化中进行比较。

(二) 评价指标体系构建

通过对休闲体育产业高质量发展相关文献的梳理发现,目前学界仍然比较缺乏相应的评价指标体系。因此,本书综合学者们已有的研究,在全面理解休闲体育产业高质量发展内涵的基础上,遵循指标选取原则构建了休闲体育产业高质量发展评价指标体系(见表5-1)。该评价指标体系主要从稳定发展、协调发展、创新发展、高效发展、可持续发展五个维度来衡量休闲体育产业高质量发展水平。

表5-1　　　休闲体育产业高质量发展评价指标体系框架

	一级指标	二级指标	三级指标	单元	属性
休闲体育产业高质量发展评价体系	稳定发展B1	发展规模C1	休闲体育产业增加值占比D1	%	正向
			休闲体育产业从业人员D2	万人	正向
			休闲体育产业营业收入D3	亿元	正向
		发展速度C2	休闲体育产业发展波动率D4	%	适度
			休闲体育产业从业人员增长率D5	%	正向
	协调发展B2	产业结构C3	产业结构合理化D6	—	正向
			产业结构高级化D7	%	正向
		城乡协调C4	城乡居民人均体育消费支出比D8	—	负向

续表

一级指标	二级指标	三级指标	单元	属性
休闲体育产业高质量发展评价体系				
创新发展 B3	创新投入 C5	体育产业 R&D 投入人员 D9	人	正向
		体育产业 R&D 投入经费 D10	万元	正向
	创新环境 C6	科学技术支出占比 D11	%	正向
		国家财政科技拨款 D12	亿元	正向
	创新产出 C7	休闲体育产业专利数 D13	个	正向
		休闲体育产业 R&D 课题数 D14	个	正向
高效发展 B4	要素效率水平 C8	全要素生产率 D15	%	正向
		体育固定资产的投资效果系数 D16	%	正向
	经济贡献率 C9	休闲体育产业对 GDP 增长的贡献率 D17	%	正向
		相关从业人员占总从业人员的比重 D18	%	正向
可持续发展 B5	资源利用 C10	产出能耗率 D19	%	正向
	生态环境 C11	生活垃圾无害化处理率 D20	%	正向
		人均水资源量 D21	立方米/人	正向
		人均绿地面积 D22	平方米/人	正向

(三) 评价指标的具体解释

本书构建的评价指标体系共包含 5 项一级指标、13 项二级指标和 21 项三级指标，接下来将对相关指标的选取给出解释。

1. 稳定发展维度评价指标

稳定发展是促进休闲体育产业高质量发展的重要保障。高质量稳定发展就是要确保产业发展增速稳、就业稳等。基于此，本书的稳定发展维度涉及发展规模和发展速度两个方面。产业发展规模是衡量体育产业发达程度的重要指标，是休闲体育产业在前期快速发展时期的产业积淀，包括休闲体育产业增加值占比、休闲体育产业从业人数、休闲体育产业营业收入等指标，分别反映了休闲体育产业在国民经济体系中的地位、吸纳就业能力和企业盈利能力。产业发展速度包括休闲体育产业发展波动率、休闲体育产业从业人员增长率等指标，反映了休闲体育产业发展的稳定性水平。

2. 协调发展维度评价指标

协调性是在休闲体育产业已经具备了一定的产业基础形成稳定发展态势的基础上实现更好、更全面的发展，涉及产业结构和城乡结构两个方面。其中产业结构既是产业发展水平的标志，又是产业经济发展的决定性因素，合理的产业结构对于推动体育产业可持续、高质量发展具有重要作用，包括产业结构合理化和产业结构高级化。城乡结构可以反映休闲体育产业在区域范围内发展的平衡情况，了解区域休闲体育产业的发展差异，有助于因地制宜的采取相应措施促进区域发展，本文采用城乡人均体育消费支出来表示。

3. 创新发展维度评价指标

创新是休闲体育产业实现高质量发展的重要动力，创新发展维度包括创新投入、创新环境和创新产出三个方面。其中创新投入包括体育产业 R&D 投入人员和体育产业 R&D 投入经费，分别反映了科技人力资本和政府对 R&D 活动的支持力度；创新环境包括科学技术支出占比和国家财政科技拨款，反映了当前政府对于产业创新的政策支持以及直接投入力度；创新产出包括休闲体育产业专利数和休闲体育产业 R&D 课题数，可以反映休闲体育产业的创新成果与创新能力。

4. 高效发展维度评价指标

高效发展不仅代表了产业规模数量的增加，更重要的是体现了资源配置关系及它们综合运用的结果，主要通过产业生态系统各种休闲体育资源的投入与产出的比例关系来衡量。高质量发展要实现有效资源配置、高质量的投入产出比的发展。高效发展维度包括要素效率水平和经济贡献率，要素效率水平指休闲体育产业发展相关投入要素的利用率，选取全要素生产率、体育固定资产的投资效果系数衡量要素效率的高低。经济贡献度指休闲体育产业的发展对经济发展的带动性，体现着休闲体育产业在一国或地区经济发展中的地位，选取休闲体育产业对 GDP 增长的贡献度、相关从业人员占总从业人员的比重两个指标来衡量。

5. 可持续发展维度评价指标

可持续发展维度包括资源利用和生态环境两方面。可持续发展指在发展过程中纳入对环境的关注和考虑，要合理使用、并且提高自然资源的利用率，实现人与自然的和谐发展。所以，一方面要节能减排，提高资源利用效率。另一方面要维持生态平衡、改善生态环境、提高城市绿化覆盖率等。故可持续发展所选取的指标包括产出能耗率，生活垃圾无害化处理率，人均水资源量、人均公园绿地面积。产出能耗率能直接地反映休闲体育产业生产经营活动的能源消费情况和节能降耗程度。生活垃圾无害化处理率通是指对人们在日常生活中产生的固体垃圾内的生物性或者化学性的有害物质进行无害化或安全化处理的效率。人均公园面积反映人们生活环境的绿化建设水平。

三、数据来源与评价方法

（一）数据来源

由休闲体育产业概念可知，休闲体育产业是体育产业的一个重要分支，而目前我国的各类统计数据没有具体统计到休闲体育产业，所以用体育产业的有关数据来代替休闲体育产业相关数据。考虑到数据的可获得性，本书选取 2008 年到 2018 年数据，数据主要来自于 2009—2019 年的《中国统计年鉴》《中国科技统计年鉴》《中国能源统计年鉴》《体育事业统计年鉴》《中国第三产业统计年鉴》等。对于部分缺失数据，本书采用插值法进行缺失值补充，对于异常数据值，本书利用平均增速进行数据调整。

由于部分指标无法直接获取，所以本研究利用表格将评价指标体系中部分三级评价指标数值的具体计算方法列出，如表 5-2 所示。

表 5-2　中国休闲体育产业高质量发展评价指标体系部分三级指标说明

指标编码	具体指标	指标计算
D1	休闲体育产业增加值占比	全国休闲体育产业增加值/全国 GDP
D4	休闲体育产业发展波动率	[第 t 年休闲体育收入增长率 - 第（t-1）年休闲体育收入增长率]/第（t-1）年休闲体育收入增长率
D5	休闲体育产业从业人员增长率	[第 t 年休闲体育从业人员 - 第（t-1）年休闲体育从业人员]/第 t-1 年休闲体育产业从业人员
D6	产业结构合理化	采用改进的产业结构偏离度系数和泰尔指数对体育产业结构合理化指数进行计算，公式为：$$S = \left[\sum_{i=1}^{n}\left(\frac{Y_i}{Y}\right)\sqrt{\left(\frac{Y_i/L_i}{Y/L}-1\right)^2}\right]^{-1}$$ 其中，Y 表示产业产值，L 表示从业人员数，S 表示体育产业结构合理化水平，其值越大说明体育产业结构越合理
D7	产业结构高级化	$\dfrac{Y_{休闲体育服务业}}{Y_{休闲体育制造业} + Y_{休闲体育衍生业}}$

续表

指标编码	具体指标	指标计算
D8	城乡居民人均体育消费支出比	城市人均文体娱消费支出/农村人均文体娱消费支出
D15	全要素生产率	参考孙哲（2019）的研究：技术投入指标为休闲体育产业从业人员、固定资产投资、体育彩票额、财政资金投入；产出指标为休闲体育产业增加值、休闲体育产业主营收入
D16	休闲体育固定资产的投资效果系数	（报告期新增国内生产总值/同期休闲体育固定资产投资额）×100%
D17	对经济增长的贡献率	休闲体育产业增加值增量/国内生产总值（GDP）增量×100%
D19	产出能耗率	休闲体育产业能源消耗量/休闲体育产业增加值

（二）评价方法

综合评价是指依照一定的评价目的对被评价对象进行科学合理、客观公正的全面评价。综合评价是一个将主观判断与客观信息进行集成的复杂过程，根据赋权方法的不同，可将综合评价方法分为主观赋权法和客观赋权法两类。主观赋权法主要包括层次分析法和模糊综合评价法等，客观赋权法主要包括熵值法、因子分析法、主成分分析法和灰色关联分析法等。鉴于主观评价方法需要通过专家打分的方式确定指标权重，实际操作存在较大困难，所以本书选用客观赋权法。考虑到本书选取的22个具体指标之间不是完全独立的，存在很多不确定性关联，故选取熵值法对休闲体育产业高质量发展水平进行实证研究。

在多指标综合评价中某个指标提供有用信息的熵值反映了评价对象在某个指标上的离散程度，熵权表征能力。熵值越小，该指标提供的信息量越大，说明评价对象在该项指标上差异越大，因此在综合评价中所起作用理应越大，权重就应该越高；反之，熵值越大，表明指标的样本数据差异越小，在综合评价中所起的作用越小，权重就越低。熵值法的基本原理就是根据指标变异性的大小来确定客观权重。熵值法的具体计算步骤如下：

步骤1：指标正向化。

在多指标综合评价中，有些是指标值越大评价越好的指标，称为正向指标；有些是指标值越小评价越好的指标，称为逆向指标，还有些是指标值越接近某个值越好的指标，称为适度指标。在综合评价时，首先必须将指标同趋势化，一般是将逆向指标和适度指标转化为正向指标，所以也称为指标的正向化。

逆向指标正向化：$Y'_{ij} = \max\{Y_{ij}\} - y_{ij}$ (5-1)

适度指标正向化：$Y'_{ij} = \max|Y_{ij} - k_j| - |Y_{ij} - k_j|$ (5-2)

其中，i 为评价对象数，j 为评价指标数；k_j 为指标 j 的阈值。

步骤 2：指标数据标准化。

对原始评价矩阵进行量纲归一化，得到标准化矩阵。采用极差法将指标数据转化为 [0,1] 的正值，公式为：

$$Y'_{ij} = \frac{(Y_{ij} - Y_j \min)}{(Y_j \max - Y_j \min)} \quad (5-3)$$

式中为 Y'_{ij} 标准化值，为 Y_{ij} 原始指标数据，$Y_j \max$ 和 $Y_j \min$ 分别为项指标的最大值和最小值。

步骤 3：指标数据非负数化处理。

为避免标准化处理后的数据出现零或负数，导致后续进行对数计算时无意义，还要进行非负数化处理。为保证数据处理后仍保留在时间纵向上的波动趋势性和横向指标间的差异程度，结合本书数据实际处理情况，用公式：

$Y'_{ij} = Y_{ij} + 0.0001$，其中 $i = 1, 2, \cdots, 11$；$j = 1, 2, \cdots, 21$。 (5-4)

步骤 4：计算构建休闲体育产业高质量发展水平的评价指标 j 的权重：

$$p_{ij} = \frac{Y'_{ij}}{\sum_{i=1}^{m} Y'_{ij}} \quad (5-5)$$

步骤 5：计算构建休闲体育产业高质量发展水平的评价体系中第 j 个指标的熵值：

$$E_j = -k \sum_{i=1}^{m} p_{ij} \cdot \ln p_{ij} \quad (5-6)$$

式中 $k = 1/\ln m$ 是常数。

步骤 6：计算构建休闲体育产业高质量发展水平的评价体系中第 j 个指标的熵权：

$$w_j = \frac{1 - E_j}{\sum_{j=1}^{n} (1 - E_j)} \quad (5-7)$$

步骤7：计算综合评价值。

评价值可以被分为具体指标的评价值和综合指标的评价值。单个具体指标评价值仅能反映评价对象某一方面的情况。若想衡量评价对象的整体情况则必须通过适当的方法，将各个具体指标整合为综合指标。本书采用加权线性和法构建综合评价模型。

$$Z_i = \sum_{i=1}^{m} W_j P_{ij} \tag{5-8}$$

第二节 休闲体育产业生态系统发展评价实证分析

在进行休闲体育产业高质量发展的综合评价时，本书根据前文所确定的休闲体育产业高质量发展的概念和特征以及休闲体育产业生态系统的构成与影响因素指标，在以往研究的基础上合理选择休闲体育产业高质量发展水平的测度指标，并利用熵值法对中国2008—2018年的休闲体育产业高质量发展水平进行测度。

一、评价指标权重确定

为客观的对我国休闲体育产业的高质量发展水平进行测度与评价，根据式（5-6）确定各指标的权重（见表5-3）。由表5-3可以看出，休闲体育产业高质量发展的五个评价指标权重由大到小为稳定发展、创新发展、高效发展、协调发展、可持续发展，表明稳定发展在我国休闲体育产业高质量发展的过程中发挥着重要的作用。从二级评价指标的权重来看，产业发展速度、产业结构、产业发展规模、创新环境、经济贡献率位列前五。从三级评价指标的权重来看，稳定发展维度中，休闲体育产业从业人员增长率和休闲体育产业发展波动率的权重最大，分别为0.0838和0.0619；协调发展维度中，产业结构高级化和产业结构合理化的权重较大，分别为0.0814和0.0553；创新发展维度中，国家财政科技拨款的权重最大，为0.0957，表明政府的财政支持对于我国休闲体育产业的创新发展具有重要的作用；高效发展维度中，休闲体育产业对GDP增长的贡献率、相关从业人员占总从业人员的比重的权重最大，分别为0.0636、0.0542；可持续发展维度中,产出能耗率的权重值最大,表明休闲体育产业在生产过程中的消耗对于其可持续发展有重要影响。

表 5-3　休闲体育产业高质量发展评价指标的权重

一级指标	二级指标	三级指标	权重
稳定发展 B1（0.2765）	产业发展规模 C1（0.1308）	休闲体育产业增加值占比 D1	0.0406
		休闲体育产业从业人员 D2	0.0527
		休闲体育产业主营收入 D3	0.0374
	产业发展速度 C2（0.1457）	休闲体育产业发展波动率 D4	0.0619
		休闲体育产业从业人员增长率 D5	0.0838
协调发展 B2（0.1710）	产业结构 C3（0.1367）	产业结构合理化 D6	0.0553
		产业结构高级化 D7	0.0814
	城乡协调 C4（0.0343）	城乡居民人均体育消费支出比 D8	0.0343
创新发展 B3（0.2450）	创新投入 C5（0.0528）	体育产业 R&D 投入人员 D9	0.0259
		体育产业 R&D 投入经费 D10	0.0268
	创新环境 C6（0.1189）	科学技术支出占比 D11	0.0233
		国家财政科技拨款 D12	0.0957
	创新产出 C7（0.0733）	休闲体育产业专利数 D13	0.0494
		休闲体育产业 R&D 课题数 D14	0.0239
高效发展 B4（0.2025）	要素效率水平 C8（0.0847）	全要素生产率 D15	0.0310
		体育固定资产的投资效果系数 D16	0.0537
	经济贡献率 C9（0.1178）	休闲体育产业对 GDP 增长的贡献率 D17	0.0636
		相关从业人员占总从业人员的比重 D18	0.0542
可持续发展 B5（0.1050）	资源利用 C10（0.0482）	产出能耗率 D19	0.0482
	生态环境 C11（0.0568）	生活垃圾无害化处理率 D20	0.0199
		人均水资源量 D21	0.0192
		人均绿地面积 D22	0.0178

（休闲体育产业高质量发展评价体系）

二、休闲体育产业生态系统发展的总体评价分析

通过熵值法加权求和得到我国休闲体育产业高质量发展的综合指数和各维度发展指数（见表 5-4）。

为了更直观明了的反映我国休闲体育产业高质量发展的水平和各子系统高质量水平之间的变化特征及其发展趋势，绘制2008—2018年我国休闲体育产业高质量发展水平的趋势图（见图5-1）和综合发展质量水平表（见表5-4）。

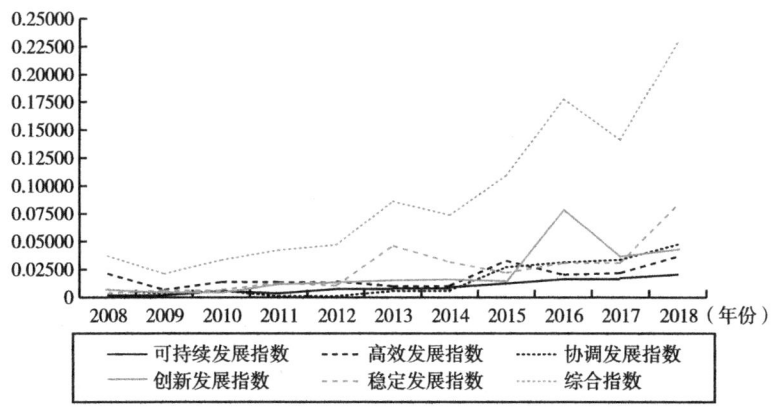

图5-1 2008—2018年我国休闲体育产业高质量发展指数趋势图

表5-4　　2008—2018年休闲体育产业高质量发展各维度指数及整体情况

年份	稳定发展指数B1	协调发展指数B2	创新发展指数B3	高效发展指数B4	可持续发展指数B5	综合指数A
2008	0.00381	0.00715	0.00685	0.02122	0.00183	0.03710
2009	0.00634	0.00342	0.00512	0.00688	0.00202	0.02125
2010	0.00697	0.00595	0.00462	0.01377	0.00560	0.03354
2011	0.01284	0.00119	0.01108	0.01350	0.00370	0.04231
2012	0.01052	0.00128	0.01337	0.01429	0.00761	0.04706
2013	0.04610	0.00570	0.01600	0.01008	0.00821	0.08609
2014	0.03169	0.00634	0.01612	0.01061	0.00917	0.07393
2015	0.02216	0.02708	0.01458	0.03288	0.01253	0.10922
2016	0.03089	0.03155	0.07813	0.02048	0.01641	0.17746
2017	0.03079	0.03371	0.03738	0.02190	0.01735	0.14114
2018	0.08405	0.04761	0.04178	0.03685	0.02061	0.23090

结合趋势图和综合发展质量水平表，具体从以下三个方面来分析：

第一，从全国休闲体育产业高质量发展综合指数的时序变化来看，2008—

2018年全国休闲体育产业高质量发展水平进步明显，其综合指数从2008年的0.0371上升至2018年的0.2309，增加了0.1938，增长了5.22倍，说明这10年间休闲体育产业发展迅速，尤其在2016年国家提出经济高质量发展的战略后休闲体育产业发展的质量水平显著提升。虽然综合指数在部分年份稍微下降，但整体来看，综合指数呈上升趋势，全国休闲体育产业高质量发展总体态势向好，但仍有较大提升空间。随着相关体育产业利好政策的颁布，可实现休闲体育产业高质量发展水平的稳步提升。

第二，从全国休闲体育产业高质量发展各维度指数的时序变化来看，各维度发展指数得分整体来看呈上升的趋势，但略有波动。就整个研究区间来说，稳定发展指数在此期间提升了21.08倍；协调发展指数在此期间提升了约5.65倍，创新发展指数提升了5.1倍，高效发展指数提升了0.74倍，可持续发展指数提升了10.28倍。稳定发展指数的不断提升表明我国休闲体育产业高质量发展的基础条件已经非常稳固，但是从可持续发展指数和高效发展指数的变化情况来看，休闲体育产业的高质量发展还需要不断提高其资源利用率、构建良好稳健的产业运行体系。

第三，从贡献率来看（见表5-5），稳定发展维度对休闲体育产业高质量发展水平提升的贡献最大，达到43.33%，说明稳定发展对于休闲体育产业的高质量发展具有重要意义，是产业高质量发展的重要前提；其次是协调发展维度和创新发展维度，对休闲体育产业高质量发展水平提升的贡献率分别为20.88%、18.03%；最后是可持续发展维度和高效发展维度，对休闲体育产业高质量发展水平提升的贡献率分别为9.69%、8.07%，并且五大维度都对休闲体育产业高质量发展有正的贡献率，这一结果说明了各维度发展都对我国休闲体育产业高质量发展水平的提升有促进作用。

表5-5　休闲体育产业高质量发展水平提升原因的分解

指标	稳定发展指数	协调发展指数	创新发展指数	高效发展指数	可持续发展指数	综合指数
提升程度（倍）	21.08	5.65	5.10	0.74	10.28	5.22
贡献率（%）	43.33	20.88	18.03	8.07	9.69	100.00

注：提升程度=质量发展水平增量/基期质量发展水平（以2008年为基期）；贡献率=子系统质量水平增加值/综合质量发展水平增加值。

三、休闲体育产业生态系统发展的各维度评价分析

(一) 稳定发展维度分析

稳定发展维度权重为 0.2765,说明产业稳定发展有利于促进休闲体育产业发展质量的提升。这种促进作用将随着稳定发展指数得分的增大而增大。根据稳定发展指数的测算结果看,从 2008 年的 0.00381 大幅度提升到 2018 年的 0.08024,其水平提升了 21.08 倍。其中 2013—2015 年稳定发展指数有所下降,后又从 2017 年开始迅速提升。从整体发展来看,稳定发展指数处于上升趋势。

根据稳定发展各具体指标评价值的演变情况(见图 5-2),从发展规模指标来看,休闲体育产业增加值占比、从业人员与主营收入逐年提高,这说明休闲体育产业实现了稳步增长,产业产值和规模均在不断扩大,主要原因在于近年来居民参与体育的高度热情、体育消费市场的活力与相关利好政策的扶持。2008—2018 年休闲体育产业增加值占比从 0.49% 增加到 1.1%,说明中国休闲体育产业产值的外部结构在不断优化,在中国经济发展中的作用不断显现。休闲体育从业人员和主营收入也显著提高,这表明休闲体育产业在提供就业机会、增加居民收入等方面都发挥重要作用,同时其产业规模也在不断扩大。从发展速度指标来看,2008—2018 年产业发展波动率和休闲体育产业从业人员增长率的质量水平提升,对于产业稳定发展具有一定的促进作用。

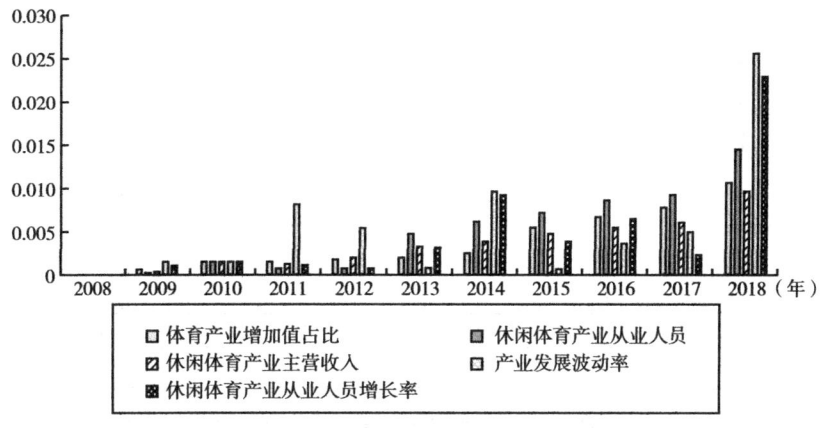

图 5-2 2008—2018 年稳定发展各具体指标评价值的演变

(二) 协调发展维度分析

协调发展维度权重是正值（0.1710），表明对休闲体育产业发展质量的提升起到促进作用。根据协调发展指数测算结果看，评价值从 2008 年的 0.00715 大幅度提升到 2018 年的 0.04761，得分水平增长了 565 个百分点。从整体发展来看，协调发展指数处于稳步上升趋势。

从产业结构指标来看（见图 5-3），休闲体育产业结构合理化指数呈先下降再上升的"U"形变化，产业结构高级化指数增长明显。产业结构的合理化：一方面反映了不同休闲体育产业业态之间的协调程度，另一方面反映了休闲体育资源有效利用的程度，是休闲体育产业通过业态之间的有效聚合提升产业质量的综合体现。从其评价值的变化来看，2008—2014 年，产业结构合理化指数略有下降，2015—2018 年产业结构合理化指数上升，说明我国体育产业结构偏离度极不合理，就业结构和产业结构不对称、也不相适应，就业产业结构效益较低，就业结构和产值结构之间的失衡也趋向严重。今后需明确休闲体育产业的主导产业，调整休闲体育产业要素投入结构，增强不同产业的协同发展，加大对休闲体育服务产业的投入，强化产业间的联动程度。体育产业结构高级化是指体育产业结构从低层次向高层次跃迁的过程，实际上是对体育产业结构优化升级的一种衡量。从其评价值的变化来看，产业结构化指数评价值呈上升趋势，说明我国休闲体育服务业在休闲体育产业增加值中的比重呈上升趋势，有利于产业结构优化升级，也表明我国休闲体育产业的结构正在向高质量发展迈进。从城乡协调指标来看，城乡居民人均

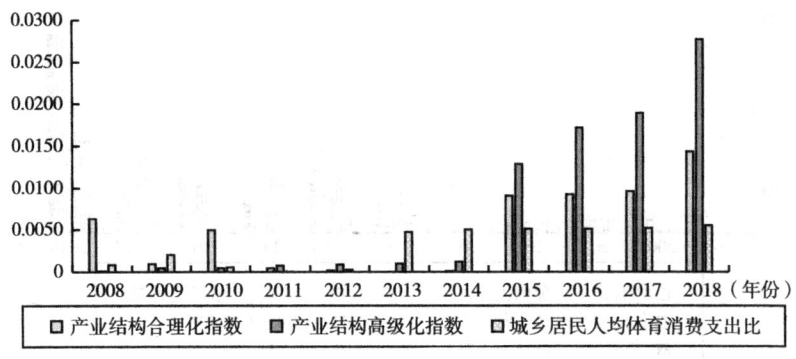

图 5-3 2008—2018 年协调发展各具体指标评价值的演变

体育消费比指标值处于上升趋势，表明城乡体育消费结构失衡，城乡差距在不断增大，出现这一现象的原因：一方面与城乡居民的消费观念有关，另一方面与乡村休闲体育基础设施设备不完善有一定关系。因此，休闲体育产业发展应该在保证发展速度的基础上，更加重视产业发展协调问题，加大对休闲体育服务性产业的投入，同时也加强对农村地区休闲体育产业市场的开发，完善乡村休闲体育设施建设同时也引导乡村民众积极参与休闲体育活动，实现休闲体育产业结构和区域的协调性发展。

（三）创新发展维度分析

创新发展维度权重为 0.2450，是促进休闲体育产业发展质量提升的主要因素。根据创新发展指数测算结果看，从 2008 年的 0.00685 大幅度提升到 2018 年的 0.04178，其水平提升了 5.1 倍。其中 2016 年创新发展指数有所下降，后又从 2017 年开始迅速提升。从整体发展来看，创新发展指数处于上升趋势。

从创新投入指标来看（见图 5-4），体育产业 R&D 经费投入和体育产业 R&D 投入人员逐年递增，这表明我国对于休闲体育产业科技创新的发展投入了大量的人力和财力，为休闲体育产业的高质量发展提供了必要的智力支撑。从创新环境指标来看，科学技术支出占比和国家财政科技拨款评价值也呈现递增趋势，这表明随着政策环境的不断改善，我国政府对休闲体育科研活动的财政支持力度不断加强，为产业创新能力的提升提供了有力的资金保障。从创新产出指标来看，休闲体育产业专利数和休闲体育产业 R&D 课题数的增

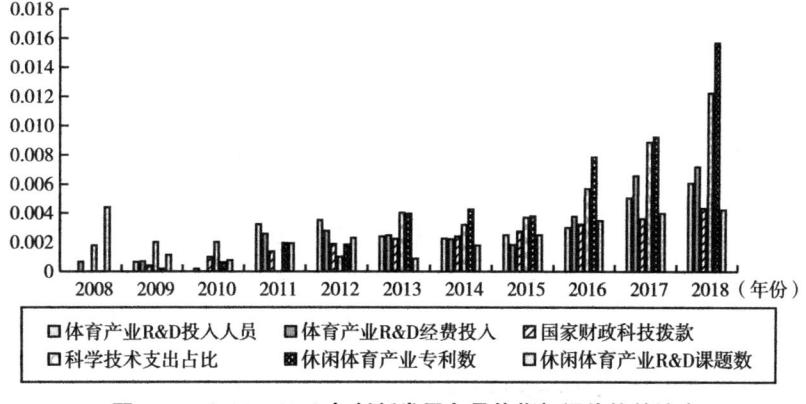

图 5-4 2008—2018 年创新发展各具体指标评价值的演变

长趋势最为明显，这表明我国休闲体育产业的创新主体规模不断扩大，产业创新能力显著提升。所以，要营造规范的科技创新环境，政府要积极出台创新政策，着力塑造创新氛围，完善公平公正的创新政策和相关法律法规，促进休闲体育产业的创新发展。

(四) 高效发展维度分析

根据高效发展指数测算结果看，高效发展维度权重为 0.2025，评价值从 2008 年的 0.02122 提升至 2018 年的 0.03682，得分水平增加了 0.74 倍。从整体发展来看，协调发展指数处于缓慢上升趋势。

从要素配置效率指标来看（见图 5-5），全要素生产率明显提高，表明中国休闲体育的产业生产要素配置在不断优化。固定资产投资效果系数的质量水平出现大幅度下降，2008—2018 年前半阶段的评价值较高是因为为筹办 2008 年北京夏季奥运会，各地政府纷纷筹建必要的休闲体育设施，在此期间我国休闲体育产业的设施设备基本得到完善，满足了后期我国休闲体育产业发展的必要需求，所以后期固定资产的投资呈现下降趋势。从经济贡献率指标和相关从业人员占总从业人员的比重来看，两者的评价值均呈上升趋势。经济增长贡献率出现波折性现象，体育产业增加值增长与经济贡献水平呈现非对称之势，表明我国体育产业经济贡献的稳定性有待进一步加强。而相关从业人员占总从业人员的比重逐年递增，这表明随着我国休闲体育产业规模的扩大和产值的提升，产业吸纳社会人员就业的能力在不断增强，产业的经济效益也在不断提升。

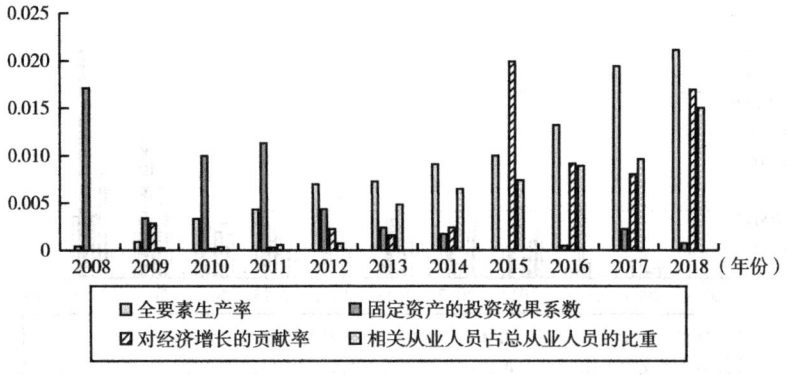

图 5-5　2008—2018 年高效发展各具体指标评价值的演变

(五) 可持续发展维度分析

可持续发展维度权重是正值 (0.1050),说明其对休闲体育产业发展质量的提升起到促进作用。根据可持续发展指数测算结果看,从 2008 年的 0.00381 大幅度提升到 2018 年的 0.08024,其水平提升了 21.08 倍。其中 2013—2015 年可持续发展指数有所下降,后又从 2017 年开始迅速提升。从整体发展来看,可持续发展指数处于上升趋势。

从资源利用指标来看 (见图 5-6),产业能源生产率逐年递增,说明休闲体育产业生产经营活动的能源利用效率在不断提升。从生态环境指标来看,生活垃圾无害化处理率和人均绿地面积缓慢上升,人均水资源量反而逐渐减少。这说明休闲体育产业在发展过程中并不只是一味追求体育经济增长,同时也在保护生态环境,减少污染,努力实现人与自然和谐发展,但即使在这样的背景下人均水资源量依旧在减少,表明休闲体育产业经济的发展依旧对环境造成了一定的负面影响。所以,要实现休闲体育产业的可持续发展:一方面要节能减排,提高资源利用效率;另一方面要努力维持生态平衡,减少对环境的破坏和资源的浪费,实现人与自然和谐发展。

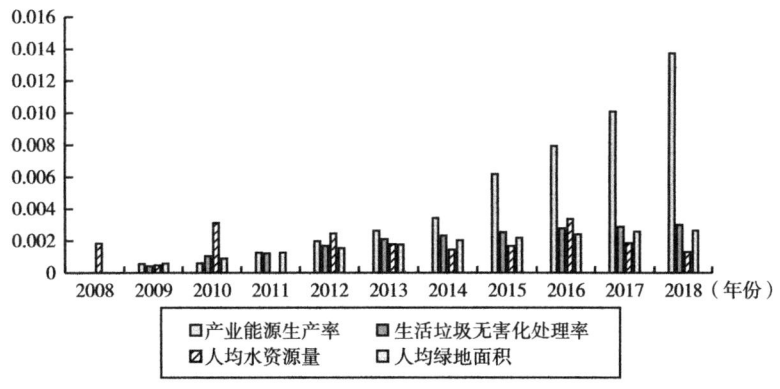

图 5-6 2008—2018 年可持续发展各具体指标评价值的演变

本章小结

第一,基于体育产业及高质量发展的相关研究成果,本文认为休闲体育产业高质量发展是以经济高质量发展为目标，实现休闲体育产业规模壮大、质量效益提升、结构优化、动能转型升级、资源配置优化和价值最大化的有机统一。它是休闲体育产业发展的稳定性、协调性、创新性、高效性和可持续性的综合，是释放产业发展的活力、激发产业发展的创新力、增强产业发展的竞争力、促进产业发展的可持续、满足人民日益增长的美好生活需要的高质量型发展。

第二，本书构建了休闲体育产业高质量发展水平综合评价指标体系，利用熵值法对休闲体育产业高质量发展水平进行测度与评价。研究结果显示：2008—2018年，全国休闲体育产业高质量发展水平整体呈现稳步上升趋势。从各维度指数的时序变化来看，各维度发展指数得分整体来看呈上升的趋势，但相对比来看，稳定发展、协调发展和创新发展三个方面的得分高于高效发展和可持续发展的得分。就整个研究区间来说，稳定发展指数在此期间提升了21.08倍，协调发展指数在此期间提高了约5.65倍，创新发展指数提升了5.1倍，高效发展指数增长了0.74倍，可持续发展指数提升了10.28倍。

第六章

休闲体育产业生态系统效率研究

我国休闲体育产业生态系统拥有良好的发展契机和发展环境，但是存在理论基础薄弱、产业体系不健全、支撑体系不完善、系统效率低下等问题，严重制约休闲体育产业生态系统的可持续发展。所以，对休闲体育产业生态系统进行效率测度，能够明确我国及各地区休闲体育产业生态系统的发展水平，从效率的角度对休闲体育产业生态系统进行研究，有利于我国休闲体育产业生态系统的全方位改进，实现其高质量发展，促进其可持续运行。

第一节　休闲体育产业生态系统效率评价研究基础

一、休闲体育产业生态系统效率内涵界定

休闲体育产业生态系统的效率反映了系统内市场结构和市场行为条件下产业生态系统运行的实际效果，也反映了最终目标的实现程度，而这个目标是多元化的，包含了经济、生态、稳定等多个层次。因此休闲体育产业生态系统效率也应该是多层次和多方位的。为深入分析休闲体育产业生态系统效率的内涵，本书对效率的发展进行了简要梳理。

古典经济学提出经济学的使命就是研究效率问题，经济学家们认为经济增长的根源在于劳动力、资本、土地等传统生产要素的提供，Say 提出了劳动生产率、资本生产率等单要素生产率概念。新古典经济时期，Solow（1956）认为在新古典增长模型中除去传统要素，技术进步要素同样对经济增长产生影响，具体包括技术创新、管理应用创新和制度创新[①]。自此，学术界认为经济增长的原因包括两大部分：一是生产要素数量的增加，二是技术进步与效率的提高，而第二部分被称为全要素生产率（TFP）。全要素生产率可分解为技术进步和效率变化，效率变化又可分解为纯技术效率和规模效率。技术进步反映技术发明、创新等对生产领域的贡献；纯技术效率反映管理水平、制度完善、程序优化等内容；规模效率反映生产规模扩大引起的进步。20 世纪中期，经济发展过程中，资源减少、环境破坏问题突出，诸多研究认为资源与环境不仅对经济增长产生内在影响，且形成刚性约束。Chung（1997）首次

[①] Solow R M. Technical Change and the Aggregate Production Function [J]. The Review of Economics and Statistics, 1957: 312 – 320.

将环境污染排放物作为非期望产出测算全要素生产率,后来学者们陆续将能源消耗、资源限制、环境污染等纳入到全要素生产率的测度中,自此形成绿色全要素生产率(Green Total Factor Productivity, GTFP)[1]。

结合上述对效率理论发展演变的整理,我们可以将休闲体育产业生态系统效率细分为配置效率、技术效率、规模效率、生态效率等若干个方面。

休闲体育产业生态系统的配置效率是指系统内资源配置的有效性,具体表现为生产者利用有限的休闲体育产业资源所获得的产出大小和消费者使用这些产出所获得的效用满足程度。遵循效率理论的逻辑思路,当有限的资源配置到效率高的部门进行生产时,即配置效率高,相反则为配置效率低。休闲体育产业生态系统的配置效率也可以反映为投入与产出之比,当休闲体育产业生态系统要素投入越少,有效产出越多,即为高的配置效率;当休闲体育产业生态系统内各要素投入越多,有效产出越少,即为低的配置效率。休闲体育产业生态系统的规模效率,反映休闲体育产业生态系统内经济规模效益的实现程度。规模效率包括两个方面:一是产业生态系统的经济规模和规模效益实现程度,二是系统内各个利益主体之间的分工协作水平。各主体有效利用资源,优化组织管理,专业化分工,合理产业布局,以提高规模效率。

休闲体育产业生态系统的技术效率是指系统内发明创新、技术转移、技术扩散的过程,这个过程渗透在休闲体育产业生态系统结构和组织行为的各个方面,并通过经济增长表现出来,这种生产方式改变引起的技术进步是衡量系统效率的重要指标。而休闲体育产业生态系统的技术效率提高方式与其他产业相似,主要依赖于产业生态系统内大企业的技术创新,因为系统内的大企业具有亏损成本承担能力、利用规模经济的能力和技术创新的动力。但不可否认的是,小企业在某些技术创新活动中同样发挥着重要作用。此外,休闲体育产业生态系统的技术效率还受到系统内产业间技术转移、技术扩散路径的影响,若系统内技术转移及扩散的路径显著,则有利于产业生态系统内效率的提高。休闲体育产业生态系统的生态效率是指在生态系统环境承载力范围内,休闲体育产业合理利用资源,实现经济价值最大化和环境污染最小化的程度。生态效率将能源消耗和环境代价纳入效率的测度框架中,用以

---

[1] Chung Y H, Fare R, Grosskopf S. Productivity and Undesirable Outputs: A Directional Distance Function Approach [J]. Microeconomics, 1997, 51 (03): 229 – 240.

反映休闲体育产业生态系统的可持续发展能力，以实现系统的经济与生态协调发展。

基于以上分析，本书认为休闲体育产业生态系统效率是指休闲体育产业生态系统的主体产业和基础产业优化配置资源，合理规划结构，充分提高技术水平，利用社会环境、自然环境和经济环境实现自身运行的有效程度。因此，将休闲体育产业生态系统效率定义为：休闲体育产业生态系统内各产业之间，产业与外部环境之间相互运行所产生的成本和效益之比的结果。

二、休闲体育产业生态系统效率评价模型构建

（一）指标选取与构建原则

1. 构建原则

根据前文理论分析和 DEA 方法的要求得知，我们需要构建休闲体育产业生态系统效率的评价指标体系。评价指标的选取是对休闲体育产业生态系统效率的客观反映与体现，能否从众多与研究目标相关的指标中筛选出最能体现休闲体育产业生态系统特征和最能代表其效率的指标，将直接影响到实证研究的结果准确性和后续分析的客观性。因此对评价指标的选取至关重要，要遵循一定的原则。

陈莹（2018）针对体育公共服务投入绩效的特点，确定了公益性、代表性和可获取性原则[①]。寇艳霞（2018）从我国公共体育服务效率评价测度的角度出发，提出指标体系构建应遵循目标性、科学性、可比性、可操作性、适应性原则[②]。本书认为休闲体育产业生态系统效率投入产出指标应遵循以下三个原则：

第一，科学性原则。评级指标要有理论基础并且联系实际，首先要保证指标具有准确性，指标概念要明确独立，避免出现指标间的重复和交叉问题。其次，具有代表性，休闲体育产业生态系统是个复杂的系统，现有对其效率评价的指标庞杂，有限的指标可能无法进行全面的分析，所以要选取真正能够代表其投入和产出的数据进行研究。最后，要确保指标的客观性，即指标

---

① 陈莹. 基于 DEA 的体育公共服务财政投入绩效分析 [D]. 武汉：武汉体育学院，2018.
② 寇艳霞. 基于 DEA 和 Malmquist 指数的我国公共体育服务效率实证研究 [D]. 武汉：华中师范大学，2018.

要反映休闲体育产业生态系统的特性,并且能联系实际进行分析。

第二,可比性原则。因为本书要对休闲体育产业生态系统的效率进行静态对比分析和动态分析,所以所选指标要能够比较同一省份不同年份的情况,同时也要对同一时期的不同省份的发展情况进行比较。这就要求指标具有可比性,即不同决策单元和不同年份同一指标的统计口径和测评方法要保持一致,这样才可以确保横向分析和纵向分析的可行性。

第三,可操作性原则。从数据获取来讲,要保证数据的可获得性,如果一些评价指标虽然很具有科学性、客观性和可比性,但仍存在统计数据缺失或无法进行量化问题,同样要进行舍弃。从评价过程来讲,须简洁精炼,避免出现大量指标相互交错,不易把握和操作的情况。从评价方法来讲,指标的选取要适应本书采用的 SBM – GML 测度模型。

2. 评价指标选取

本书的研究目标之一是测度休闲体育产业生态系统的效率,因此需要从投入产出的角度对指标进行选取。结合前文对休闲体育产业生态系统效率内涵的界定、研究方法 SBM – GML 模型的需要和以往学者的研究成果梳理分析,构建出本书的指标体系。

以往的研究中,学者们基于各自的研究主体,从不同角度和层次进行了指标的选取。蔡宝家(2013)构建了区域休闲体育产业发展的社会指标体系,并将其定义为"为反映我国休闲体育产业发展对应的社会经济环境而设立的一系列相互联系与制约的指标集合",将 46 个初选指标归为社会结构、经济效应、人口素质、生活质量、基础设施五大类[①]。寇艳霞(2018)研究我国公共体育服务效率,确定了场地设施建设资金、群众体育资金、社会指导员数量三个投入指标,体育健身场所总数量、体育组织数量、体育监测点数量和体育监测受测人数四项产出指标[②]。陈莹(2018)对体育公共服务财政投入绩效进行分析,认为投入指标为体育社会指导员人数、群众体育投入、体育场馆投入、体育普通教育投入;产出指标为全民健身中心数量、国民体质

---

① 蔡宝家. 我国区域休闲体育产业基本结构形态探究 [J]. 体育科学研究,2013,17 (05):28 – 34.

② 寇艳霞. 基于 DEA 和 Malmquist 指数的我国公共体育服务效率实证研究 [D]. 武汉:华中师范大学,2018.

监测站点数、体育社会组织数、全民健身面积[①]。目前未有文献对休闲体育产业绿色全要素生产率进行测度,因此本书借鉴了其他产业测度指标,如:刘战豫和孙夏令(2018)采用固定资产、劳动力质量、能源投入和产业增加值、综合周转量、二氧化碳排放量对物流业绿色全要素生产率进行测度[②]。解晓龙(2019)采用资本存量、劳动投入量为投入指标,总产值为期望产出指标,废水、二氧化硫、固体废物为非期望产出指标对医药产业绿色全要素生产率进行测度[③]。

通过对已有文献分析发现,研究对象不同,学者们所构建的评价指标体系也存在差异,目前关于休闲体育产业生态系统的指标体系并没有标准化、规范化。因此,本书综合学者们的已有研究,结合前文的概念界定和研究需求,同时遵循科学性、可比性、可操作性原则构建如表6-1所示的投入产出指标体系。

表6-1 休闲体育产业生态系统效率投入产出指标体系

	指标	名称
投入指标	人力资本投入(X1)	从业人员(人)
	资产投入(X2)	固定资产存量(万元)
	科研技术投入(X3)	科研经费数(万元)
	能源投入(X4)	能源消耗量(万吨)
产出指标	社会经济产出(Y1)	体育系统经营收入(万元)
	科技创新成果(Y2)	专利申请数量(个)
	非期望产出(Y3)	CO_2排放量(万吨)

3. 测度指标解释

投入指标有四项,分别是人力资本投入、资产投入、科研技术投入和能源投入量。

(1)人力资本投入(X1),用体育产业系统从业人员来表示。该指标包含了体育系统内体育行政机关、运动项目管理部门、本科院校、竞技体校、

---

① 陈莹.基于DEA的体育公共服务财政投入绩效分析[D].武汉:武汉体育学院,2018.
② 刘战豫,孙夏令.中国物流业绿色全要素生产率的时空演化及动因分析[J].软科学,2018,32(04):77-81,114.
③ 解晓龙.环境规制背景下的我国医药产业绿色全要素生产率研究[D].南昌:南昌大学,2019.

训练基地、体育场馆、体育科研机构、其他事业单位的从业人数,能够全面反映休闲体育产业生态系统内人力资本的投入情况。

(2) 资产投入(X2),用休闲体育产业固定资产存量指标来表示。因为该指标无法从已有年鉴中直接获取,本书采用大多数学者使用的永续盘存法,借鉴张军等(2004)[①]的处理方法,参考资本存量计算公式,对我国休闲体育产业各地区的固定资本存量进行估算,计算公式如下:

$$K_t = I_t + (1 - \partial_t) \times K_t \qquad (6-1)$$

$$K_0 = I_0(1 + g)/(g + \partial) \qquad (6-2)$$

其中 t 表示年份,K 表示资本存量,I 表示投资,∂ 为折旧率。K_0 表示初始资本存量,I_0 表示资本投资量,g 为固定资产投资的平均增长率。为保证数据的连续性和可比性,利用固定资产投资指数将各地区历年的固定资产投资额转换为以 2010 年为基期。关于折旧率,本书沿用多数学者做法,借鉴现有文献(Barrot 和 Lee,2010)[②] 将折旧率设为 4%。

(3) 科研技术投入(X3),采用体育产业科研经费数表示。该指标包含了体育系统内体育科研机构、本科院校、职业运动技术学院、竞技体校、体育传统项目学校等用于科研的经费数额,反映了休闲体育产业生态系统科研技术的投入水平。为保证数据的可比性,采用各地区 GDP 价格指数进行平减,转换为以 2010 年为基期。

(4) 能源投入量(X4):本书借鉴刘战豫和孙夏令(2018)测度物流业能源投入的计算方法[③],将休闲体育产业终端能源消耗最多的六种能源统一转换为标准煤后加总得到,即能源消耗投入 = $\sum$ 各能源消耗 × 能源折算标准煤系数,用以反映各地区休闲体育产业生态系统的能源消耗情况。

产出指标有三项,分别是社会经济产出、科技创新成果和非期望产出。

(1) 社会经济产出(Y1),用体育系统经营收入金额来表示。该指标包含了各地市休闲体育产业在体育场馆、群众体育、行政运行、机关服务、体育赛事、体育训练等方面的收入。为保证数据的可比性,采用各地区 GDP 价

---

① 张军. 北方集团发展战略分析 [D]. 北京:对外经济贸易大学,2004.

② Barro, R. J., J. W. Lee. A New Data Set of Educational Attainment in the World, 1950 – 2010 [Z]. NBER Working Paper, 2010.

③ 刘战豫,孙夏令. 中国物流业绿色全要素生产率的时空演化及动因分析 [J]. 软科学,2018,32 (04):77 – 81,114.

格指数进行平减，转换为以 2010 年为基期。

（2）科技创新成果（Y2），采用体育产业专利申请数量。体育产业专利包括发明、实用新型和外观设计三个方面，该指标能够反映各地区休闲体育产业拥有的自主知识产权和设计成果情况，是反映技术效率的重要指标。由于专利申请转化为生产力需要时间，因此本书采用滞后两年的申请量表示当年的科技创新成果。

（3）非期望产出（Y3），用二氧化碳排放量表示。本书分别统计休闲体育产业消耗量最高的六种能源历年的消耗量，并根据 IPCC2006 碳排放计算指南展开测算：

$$CO_2 = \sum_{i=1}^{6} CO_2 = \sum_{i=1}^{6} E_i \times NCV_i \times CEF_i \times COF_i \times \frac{44}{12} \qquad (6-3)$$

式（6-3）中，E_i 表示第 i 种能源的消耗量，NCV_i 为每种能源的平均低位发热量，CEF_i 为每种能源的碳排放参考系数（i = 1,2,…,6），COF_i 是碳氧化因子，44 与 12 为 CO_2 与 C 的分子量。

（二）样本选取与数据来源

受数据可得性的限制，各指标相关数据统计并不完善，在实证研究中，未将西藏、港澳台列于其中。此外，根据国家统计局对我国省域的常规分类，将我国划分为华北、东北、华东、中南、西南、西北六大区域。本书中，华北地区包括 5 个省份，分别是北京、天津、河北、山西、内蒙古；东北地区包括 3 个省份，分别是辽宁、吉林、黑龙江；华东地区包括 7 个省份，分别是上海、江苏、浙江、安徽、福建、江西、山东；中南地区包括 6 个省份，分别是河南、湖北、湖南、广东、广西、海南；西南地区包括 4 个省份，分别是重庆、贵州、四川、云南；西北地区包括 5 个省份，分别是陕西、甘肃、青海、宁夏、新疆。

为了科学合理研究各地区休闲体育产业生态系统的效率值，同时考虑到数据的可得性，本章所用数据来自于 2010—2016 年的《体育事业统计年鉴》《中国统计年鉴》《中国科技统计年鉴》《中国能源统计年鉴》以及各省份统计年鉴等资料及国家统计局网站、中国经济与社会发展相关网站。年鉴中缺失的数据，采用算数平均法及趋势外推法赋值。

第二节 休闲体育产业生态系统效率评价实证分析

一、休闲体育产业生态系统效率测度模型

数据包络分析（Data Envelopment Analysis，DEA）是一种常用于比较评价对象之间相对效率的系统分析方法。1957年，Farrell提出包络思想[1]，1978年，Chanes、Cooper和Rhodes继而提出DEA[2]，并将其广泛应用于绩效评价当中。DEA模型从其度量方法上可分为径向—角度、径向—非角度、非径向—角度、非径向—非角度四种。径向模型对效率作评价时，要求投入或产出同比例变动，当存在非期望产出时，松弛变量无法进入效率计算。角度模型只能在投入导向型和产出导向型中二选一，效率测度结果准确性未知。Tone（2001）提出的SBM-DEA模型，属于非径向—非角度模型，能够将松弛变量引入目标函数，有效解决以上问题，同时解决了系统中存在的非期望产出的问题[3]。Chung等1997年在SBM方向性距离函数的基础上构建了ML（Malmquist-Luenberger）生产率指数，之后被广泛应用于各产业绿色全要素生产率测算中[4]。但是ML指数存在传递性欠缺和线性规划无解的问题，Oh（2010）在全局生产集上构建了GML指数。本书在SBM-DEA模型的基础上结合GML指数对休闲体育产业生态系统绿色全要素生产率进行测算[5]。

（一）生产可能性边界

绿色全要素生产率将能源和环境因素纳入到同一分析框架中，因此，

---

[1] Farrell M. J. The Measurement of Productive Efficiency [J]. Journal of Royal Statistical Society, 1957, (3): 253-290.

[2] Coelli T. Recent Developments in Frontier Modeling and Efficiency Measurement [J]. Australian Journal of Agricultural Economics, 1995 (39): 219-245.

[3] Tone K. A Slacks-based Measure of Efficiency in Data Envelopment Analysis [J]. European Journal of Operational Research, 2001, 130 (3): 498-509.

[4] Chung Y H, Fare R, Grosskopf S. Productivity and Undesirable Outputs: A Directional Distance Function Approach [J]. Microeconomics, 1997, 51 (3): 229-240.

[5] Oh D H. A Global Malmquist-Luenberger Productivity Index [J]. Journal of Productivity Analysis, 2010, 34 (3): 183-197.

需要构建包含期望产出和非期望产出的生产可能性集合。本书将每一个省域视为一个生产决策单元（DMU），N 种投入要素 $x = (x_1, \cdots, x_n) \in R_N^+$ 可以生产出 M 种期望产出 $y = (y_1, y_2 \cdots, y_m) \in R_+^M$ 和 I 种非期望产出 $b = (b_1, \cdots, b_i) \in R_+^I$，则 K 地区 t 时期的投入产出值 $(x^{k,t}, y^{k,t}, b^{k,t})$ 构成当期生产可能性集合：

$$P^t(x^t) = \begin{cases} (y^t, b^t) : \sum_{k=1}^{K} \lambda_k^t y_{km}^t \geq y_{km}^t, \forall m \\ \sum_{k=1}^{K} \lambda_k^t y_{kn}^t \leq y_{kn}^t, \forall N \\ \sum_{k=1}^{K} \lambda_k^t b_{ki}^t, \forall I \\ \sum_{k=1}^{K} \lambda_k^t = 1, \lambda_k^t > 0, \forall K \end{cases} \quad (6-4)$$

其中，λ 表示投入产出值的权重，当约束条件 $\lambda_k^t > 0$ 时，表示规模报酬不变（CRS）；当约束条件 $\lambda_K^t \geq 0$ 且 $\sum_{k=1}^{K} \lambda_k^t = 1$ 时，表示规模报酬可变（VRS）。Oh 在此基础上提出全局可能性集合，以避免技术倒退现象发生，同时增强了不同时期效率值的可比性。

$$P^G(x) = \begin{cases} (y^t, b^t) : \sum_{t=1}^{T} \sum_{k=1}^{K} \lambda_k^t y_{km}^t \geq y_{km}^t, \forall m \\ \sum_{t=1}^{T} \sum_{k=1}^{K} \lambda_k^t y_{kn}^t \geq y_{kn}^t, \forall N \\ \sum_{t=1}^{T} \sum_{k=1}^{K} \lambda_k^t b_{ki}^t = b_{ki}^t, \forall I \\ \sum_{k=1}^{K} \lambda_k^t = 1, \lambda_k^t > 0, \forall K \end{cases} \quad (6-5)$$

（二）SBM 方向距离函数

借鉴 Fukuyama 等（2009）[1] 研究思路，将 SBM 方向距离函数表示为：

---

[1] Fukuyama H, webe W. L. A Directional Slacks – based Measure of Technical Inefficiency [J]. Socio – Economic Planning Sciences，2009，43（43）：274 – 299.

$$S_v^G(x^{t,k'},y^{t,k'},b^{t,k'},g^x,g^y,g^b) = \max \frac{\frac{1}{N}\sum_{n=1}^{N}\frac{s_n^x}{g_n^x} + \frac{1}{M+I}\left(\sum_{m=1}^{M}\frac{s_m^x}{g_m^x} + \sum_{i=1}^{I}\frac{s_i^b}{g_i^b}\right)}{2}$$

(6-6)

$$\text{s.t.} \begin{cases} \sum_{t=1}^{T}\sum_{k=1}^{K}\lambda_k^t x_{kn}^t + s_n^x = x_{k'n}^t, \forall n \\ \sum_{t=1}^{T}\sum_{k=1}^{K}\lambda_k^t y_{km}^t - s_m^x = y_{k'n}^t, \forall m \\ \sum_{t=1}^{T}\sum_{k=1}^{K}\lambda_k^t b_{ki}^t + s_i^b = b_{k'i}^t, \forall i \\ \sum_{k=1}^{K}\lambda_k^t = 1, \lambda_k^t \geq 0, \forall k \\ s_m^y \geq 0, \forall m \\ s_i^b \geq 0, \forall i \end{cases}$$

(6-7)

其中，(g_x,g_y,g_b) 为方向向量，分别表示投入减少、期望产出增加和非期望产出减少，(s_n^x,s_m^y,s_i^b) 为松弛变量，分别表示投入冗余、期望产出不足和非期望产出过多，(x_k^t,y_k^t,b_k^t) 表示第 t 期 k 地区的投入要素、期望产出和非期望产出。

（三）GML 指数

Oh（2010）在 SBM 方向性距离函数的基础上构建了 GML 指数[①]，改进了 ML 指数不具有循环累乘性的缺陷，有利于解决线性规划无解，全要素生产率"被动"提高的问题。GML 指数可分解为技术进步指数（TC）和技术效率指数（EC），技术效率指数又可分为纯技术效率指数（PEC）和规模效率指数（SEC），则进一步分解的 GML = TC × PEC × SEC。当 GML 大于 1 时，表示 t 到 t+1 时期，绿色全要素生产率出现了增长，若 GML 小于 1，表示绿色全要素生产率出现了下降，若 GML 等于 1，表示绿色全要素生产率保持稳定。TC、PEC 与 SEC 同理。

---

① Oh D H. A Global Malmquist – Luenberger Productivity Index [J]. Journal of Productivity Analysis, 2010, 34 (3): 183-197.

$$GML_t^{t+1} = \frac{1+\vec{S}_V^G(x^t,y^t,b^t;g^x,g^y,g^b)}{1+\vec{S}_V^G(x^{t+1},y^{t+1},b^{t+1};g^x,g^y,g^b)} = EC_t^{t+1} \cdot TC_t^{t+1} \qquad (6-8)$$

$$GEC_t^{t+1} = \frac{1+\vec{S}_V^t(x^t,y^t,b^t;g^x,g^y,g^b)}{1+\vec{S}_V^{t+1}(x^{t+1},y^{t+1},b^{t+1};g^x,g^y,g^b)} \qquad (6-9)$$

$$GTC_t^{t+1} = \frac{[1+\vec{S}_V^G(x^t,y^t,b^t;g^x,g^y,g^b)]/[1+\vec{S}_V^t(x^t,y^t,b^t;g^x,g^y,g^b)]}{[1+\vec{S}_V^G(x^{t+1},y^{t+1},b^{t+1};g^x,g^y,g^b)]/[1+\vec{S}_V^{t+1}(x^{t+1},y^{t+1},b^{t+1};g^x,g^y,g^b)]}$$

$$(6-10)$$

二、静态绿色全要素生产率分析

本节将各地区 2010—2016 年的投入、产出数据分别带入 DEA-SBM 模型，利用 MAXDEA7.0 软件得到我国历年的休闲体育产业生态系统静态 GTFP，在此基础上，对我国六大地区的静态 GTFP 进行统计，如表 6-2 所示。

表 6-2　2010—2016 年休闲体育产业生态系统静态绿色全要素生产率

省份	2010 年	2011 年	2012 年	2013 年	2014 年	2015 年	2016 年	年均值
北京	1.000	1.000	1.000	1.000	1.000	1.000	1.000	1.000
天津	0.714	1.000	1.000	1.000	1.000	1.000	1.000	0.959
河北	1.000	1.000	1.000	1.000	1.000	1.000	1.000	1.000
山西	1.000	1.000	1.000	1.000	1.000	1.000	1.000	1.000
内蒙古	1.000	1.000	1.000	1.000	1.000	1.000	1.000	1.000
辽宁	1.000	1.000	1.000	1.000	1.000	1.000	1.000	1.000
吉林	0.533	0.728	0.668	0.592	0.620	0.503	0.518	0.595
黑龙江	0.721	0.539	0.580	0.541	0.619	0.672	1.000	0.667
上海	0.592	0.660	1.000	1.000	1.000	1.000	0.684	0.848
江苏	1.000	0.512	0.530	0.637	0.514	0.622	0.626	0.634
浙江	1.000	1.000	1.000	1.000	1.000	1.000	1.000	1.000
安徽	0.428	0.464	0.510	0.589	0.632	0.563	0.717	0.557
福建	0.790	0.509	0.482	0.647	0.604	0.491	0.472	0.571
江西	0.561	0.715	0.695	1.000	0.758	0.604	0.940	0.753
山东	1.000	1.000	1.000	1.000	1.000	1.000	1.000	1.000
河南	1.000	1.000	1.000	1.000	1.000	1.000	1.000	1.000

续表

省份	2010年	2011年	2012年	2013年	2014年	2015年	2016年	年均值
湖北	0.805	1.000	0.874	1.000	0.815	0.670	0.602	0.824
湖南	0.679	0.461	0.472	0.612	0.790	0.881	1.000	0.699
广东	1.000	1.000	1.000	1.000	1.000	1.000	1.000	1.000
广西	1.000	1.000	0.838	0.946	1.000	1.000	1.000	0.969
海南	1.000	1.000	1.000	1.000	1.000	1.000	1.000	1.000
四川	0.588	0.588	0.540	1.000	1.000	1.000	1.000	0.817
贵州	0.825	0.649	0.709	0.600	0.614	1.000	0.453	0.693
云南	1.000	1.000	1.000	1.000	0.662	0.900	1.000	0.938
重庆	0.504	0.568	1.000	1.000	1.000	1.000	1.000	0.867
陕西	0.490	0.463	0.494	0.510	0.517	0.517	0.515	0.501
甘肃	0.479	1.000	1.000	0.699	0.656	0.477	0.489	0.686
青海	1.000	1.000	1.000	1.000	1.000	1.000	1.000	1.000
宁夏	1.000	1.000	1.000	1.000	1.000	1.000	1.000	1.000
新疆	0.592	0.743	0.712	0.818	1.000	1.000	1.000	0.838
华北地区	0.943	1.000	1.000	1.000	1.000	1.000	1.000	0.992
东北地区	0.751	0.756	0.749	0.711	0.746	0.725	0.839	0.754
华东地区	0.767	0.694	0.745	0.839	0.787	0.754	0.777	0.766
中南地区	0.914	0.910	0.864	0.926	0.934	0.925	0.934	0.915
西南地区	0.729	0.701	0.812	0.900	0.903	0.916	0.838	0.829
西北地区	0.712	0.841	0.841	0.806	0.835	0.799	0.801	0.805
均值	0.810	0.820	0.837	0.873	0.871	0.855	0.864	0.847

数据来源：根据 MAXDEA 软件测度结果整理而得。

绿色全要素生产率为1，说明该地区休闲体育产业生态系统投入、产出相匹配，处于生产前沿面，即该决策单元处于有效状态；当其小于1时，说明该地区未处于生产前沿面，即该决策单元处于无效状态。

从表6-2可以看出，2010—2016年我国休闲体育产业生态系统绿色全要素生产率为0.847，未达到有效状态，相对于前沿面有15.3%的差距。其中效率值均等于1的有12个地区，分别为北京、河北、山西、内蒙古、辽宁、浙江、山东、河南、广东、海南、青海、宁夏。以上地区在2010—2016年均处于有效状态，占总数的40%。年均值处于0.800—1.000之间的有8个，占总数的26.7%，分别为天津、上海、湖北、广西、四川、云南、重庆、新疆，绿色全要素生产率相对较高。效率值低于 0.800 的有 10 个地区，占总数的 10%，分别为吉林、黑龙江、江苏、安徽、福建、江西、湖南、贵州、陕西、甘肃。其中，陕西省年均值最低为 0.501，相对于前沿面有 49.9% 的差距。

从六大地区划分来看，年均值的排序为：华北地区（0.992）>中南地区（0.915）>西南地区（0.829）>西北地区（0.805）>华东地区（0.766）>东北地区（0.754）。其中，仅华北地区和中南地区高于全国平均值（0.847），而西南地区、西北地区、华东地区、东北地区均低于全国平均值。华北地区除天津外均处有效状态，整体绿色全要素生产率接近于生产前沿面，仅有 0.08% 的差距。且自 2011 年以来，效率值一直等于 1，处于生产前沿面。中南地区整体效率值较高，仅湖南省较低，未达到 0.800。西南地区和西北地区仅青海和宁夏的效率值等于 1，其中西南地区的贵州，西北地区的陕西效率值较低。东北地区辽宁效率值为 1，吉林和黑龙江效率值较低，致使东北地区整体效率值较低。东北地区可凭借独特的自然环境开展休闲体育活动，降低能耗，提高绿色全要素生产率。华东地区的山东、浙江效率值为 1，安徽、福建的效率值较低。整体来看，我国休闲体育产业生态系统的绿色全要素生产率较低，基本未达到有效状态，还存在较大的发展空间。

从时间序列来看，如图 6-1 所示，2010—2013 年绿色全要素生产率逐步上升，2013 年达到 7 年间的最高值 0.873，之后两年间出现下降趋势，2015—2016 年从 0.855 上升至 0.864。总体来看，我国休闲体育产业生态系统静态绿

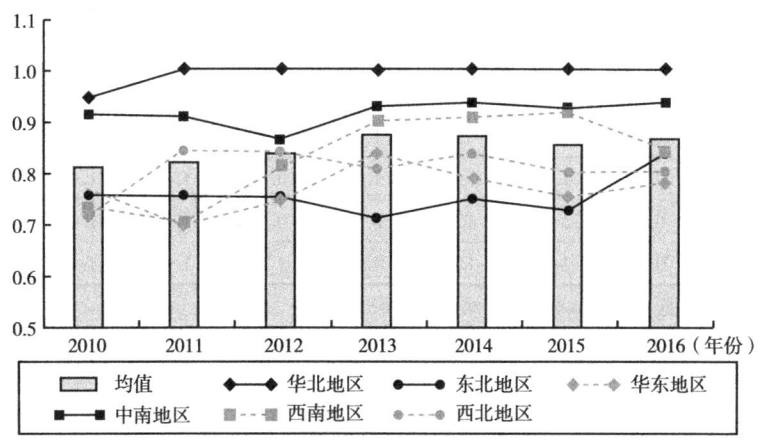

图 6-1 2010—2016 年六大地区休闲体育产业生态系统静态 GTFP 趋势图
资料来源：根据效率测度结果由作者绘制。

色全要素生产率尚处于波动之中，说明投入产出要素还有进一步的提升空间以达到资源配置的最优状态。从地域上来看，华北地区、中南地区始终高于全国平均水平，西北地区、西南地区在均值附近波动，而华东地区和东北地区长期低于全国平均水平，说明这些区域的省份的投入产出关系存在不协调因素，后续要进一步调整投入产出之间的协调关系，逐步实现资源的有效利用。

三、动态绿色全要素生产率分析

本节将各省域的投入产出基础数据，带入 SBM – GML 模型中，应用 MAXDEA7.0 软件，测算得出我国休闲体育产业生态系统动态绿色全要素生产率及分解效率的变动情况，为深入分析环境因素引起的效率变化，将未考虑能源投入和非期望产出的全要素生产率与绿色全要素生产率进行对比分析。

（一）时间趋势分析

我国 2010—2016 年休闲体育产业生态系统总体动态全要素生产率和绿色全要素生产率结果如表 6 – 3 所示。

表 6 – 3   我国休闲体育产业生态系统传统及绿色全要素生产率

年份	传统全要素生产率				绿色全要素生产率			
	TC	PEC	SEC	TFP	TC	PEC	SEC	GTFP
2010—2011	0.760	1.147	1.266	1.005	0.765	1.028	1.449	1.029
2011—2012	0.831	1.234	1.037	0.976	0.859	1.162	1.012	0.956
2012—2013	0.836	1.101	1.040	0.938	0.789	1.173	1.039	0.942
2013—2014	1.598	0.847	0.864	1.116	1.728	0.843	0.851	1.146
2014—2015	0.958	1.023	1.078	1.033	0.970	1.096	1.051	1.065
2015—2016	0.878	1.139	1.054	0.983	0.904	1.043	1.156	1.026
年均	0.977	1.082	1.056	1.009	1.003	1.057	1.093	1.027

资料来源：根据 MAXDEA 软件测度结果整理而得。

从表 6 – 3 中可以看出，我国 2010—2016 年休闲体育产业生态系统的绿色全要素生产率整体呈正增长趋势，年均增长 2.7%。除 2011—2013 年增长率分别下降 4.4%、5.8% 外，其余年份分别上升了 2.9%、14.6%、6.5%、2.6%。年均技术进步效率、纯技术效率和规模效率均呈上升趋势，分别增长了

0.3%、5.7%、9.3%。未考虑环境因素下的全要素生产率年均增长0.9%，2011—2012年、2012—2013年、2015—2016年增长率分别下降了2.3%、6.2%、1.7%，其余年份分别增加0.5%、11.6%、3.3%。分解效率中技术进步效率未呈现增长，下降了0.23%，纯技术效率与规模效率分别增长8.2%、5.6%。可以看出无论是否考虑环境因素，2013—2014年，我国休闲体育产业效率值均出现了较大幅度增长，究其原因，2014年国务院发布《关于加快发展体育产业促进体育消费的若干意见》，政府大力推动休闲体育的发展，成为休闲体育产业的重要转折点。

将传统全要素生产率与绿色全要素生产率进行对比分析，由图6-2可以看出，两者基本呈相同的变化趋势，说明本文的估计结果具有稳定性。除2011—2012年传统全要素生产率增长率高于绿色全要素生产率外，其余年份绿色全要素生产率均较高。这是因为休闲体育产业生态系统本身对环境因素具有依赖性，系统总体实现了环境友好发展。未考虑环境因素的全要素生产率低估了休闲体育产业生态系统的效率水平。从分解效率来看，技术进步效率出现较大的波动性，无论是否考虑环境因素，大多数年份技术进步效率均未呈增长趋势，纯技术效率指数与规模效率指数总体呈进步趋势，仅一年呈下降趋势。

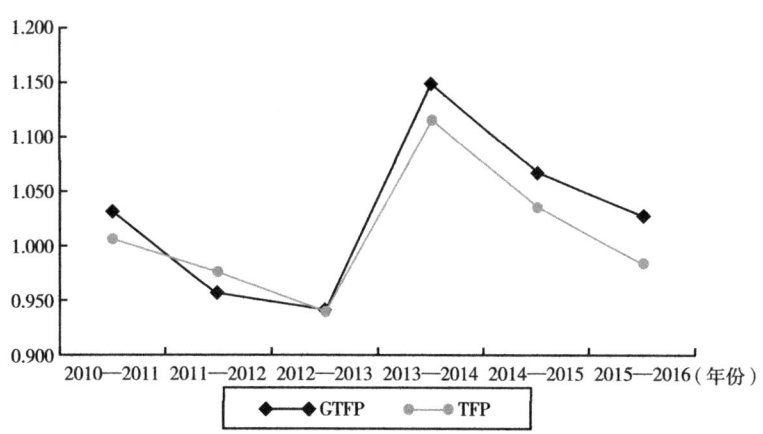

图6-2 传统全要素生产率及绿色全要素生产率变动趋势

资料来源：根据测度结果由作者绘制。

总体而言，传统全要素生产率分解效率中，纯技术效率与规模效率起推动作用；绿色全要素生产率中，三个分解效率均为推动力量，但纯技术效率与规模效率值显著高于技术进步效率。因此，从时间趋势分析来看，我国休闲体育产业生态系统效率的主要动力为纯技术效率与规模效率。我国休闲体育产业生态系统的发展要继续发挥纯技术效率的带动作用，开发休闲体育发展新模式，同时，优化休闲体育产业生态系统结构，重视技术进步效率对系统整体效率的提升。

（二）区域差异分析

本部分测度了我国 2010—2016 年各省份休闲体育产业生态系统绿色全要素生产率，并与全要素生产率进行对比，同时对六大地区进行统计，具体效率值如表 6-4 所示。

表 6-4 2010—2016 年全国各省份平均传统及绿色全要素生产率

省份	传统全要素生产率				绿色全要素生产率			
	TC	PEC	SEC	GML	TC	PEC	SEC	GML
北京	0.958	1.000	1.000	0.958	1.009	1.000	1.000	1.009
天津	0.930	1.172	1.029	1.038	1.001	1.157	1.089	1.043
河北	0.926	1.184	0.994	1.021	0.932	1.178	0.997	1.021
山西	0.907	0.997	1.045	0.890	0.915	0.983	1.010	0.854
内蒙古	0.902	1.088	1.007	0.917	0.916	1.079	1.030	0.912
辽宁	0.935	0.938	0.932	0.770	0.988	0.957	0.933	0.810
吉林	0.912	1.016	0.998	0.876	0.937	0.973	1.030	0.888
黑龙江	0.924	1.073	1.358	1.085	0.937	1.042	1.346	1.118
上海	1.006	1.109	1.022	1.050	1.056	1.095	0.978	1.057
江苏	1.071	0.945	1.156	1.073	1.067	0.936	1.170	1.073
浙江	1.045	1.000	1.000	1.045	1.068	1.000	1.000	1.068
安徽	0.979	1.232	1.029	1.123	0.991	1.251	1.070	1.130
福建	1.015	0.964	1.076	0.993	1.044	0.931	1.161	1.005
江西	0.934	1.361	1.097	1.074	1.003	1.266	1.149	1.103
山东	1.131	1.066	0.991	1.086	1.132	1.053	0.988	1.087
河南	0.921	1.013	1.000	0.927	0.910	1.036	1.000	0.899
湖北	0.946	1.078	1.008	0.894	0.966	1.069	1.024	0.906
湖南	0.807	1.186	1.139	0.872	0.882	1.077	1.391	1.002

续表

省份	传统全要素生产率				绿色全要素生产率			
	TC	PEC	SEC	GML	TC	PEC	SEC	GML
广东	1.164	1.000	0.947	1.034	1.167	1.000	0.954	1.052
广西	0.869	1.020	1.379	1.010	0.985	1.050	1.426	1.051
海南	1.043	1.000	1.000	1.043	1.036	1.000	1.000	1.036
四川	0.981	1.206	1.051	1.168	0.993	1.158	1.094	1.157
贵州	0.938	0.891	1.124	0.884	0.968	0.890	1.178	0.892
云南	0.985	1.507	1.028	1.046	1.020	1.252	1.125	0.985
重庆	1.082	1.282	1.024	1.295	1.093	1.285	1.032	1.318
陕西	0.951	1.058	1.064	1.009	0.962	1.010	1.139	1.011
甘肃	0.987	0.940	1.089	1.003	0.997	0.862	1.260	1.056
青海	0.992	0.994	0.999	0.987	0.985	1.000	1.000	0.985
宁夏	1.038	1.000	1.117	1.157	1.072	1.000	1.181	1.252
新疆	1.029	1.138	0.991	0.932	1.048	1.131	1.040	1.042
华北地区	0.925	1.088	1.015	0.965	0.954	1.079	1.025	0.968
东北地区	0.924	1.009	1.096	0.910	0.954	0.991	1.103	0.939
华东地区	1.052	1.076	1.074	1.063	1.052	1.076	1.074	1.075
中南地区	0.991	1.039	1.132	1.098	0.991	1.039	1.132	0.991
西南地区	1.026	1.097	1.053	1.112	1.018	1.146	1.107	1.088
西北地区	0.999	1.026	1.052	1.018	1.013	1.001	1.124	1.069
均值	0.975	1.082	1.056	1.009	1.003	1.057	1.093	1.027

资料来源：根据MAXDEA软件测度结果整理而得。

从表6-4可以看出，我国21个省市绿色全要素生产率指数大于等于1，占全国的70%，GTFP呈进步趋势。9个地区绿色全要素生产率指数小于1，占全国的30%，在测度期间绿色全要素生产率呈倒退趋势的地区分别为山西、内蒙古、辽宁、吉林、河南、湖北、贵州、云南、青海。其中，辽宁省效率值增长最低，下降了19个百分点，辽宁省经济发展不平衡，休闲体育供给不足降低了消费者的消费意愿，同时休闲体育产业未能与旅游、文化等产业融合发展，使辽宁的休闲体育产业生态系统效率值较低。在效率值呈进步趋势的地区中，前三位分别是重庆、宁夏、四川，分别增长了31.8%、25.2%、15.7%。在测度期间，重庆绿色全要素生产率最高，主要原因是重庆挖掘自身资源优势,落实全民健身计划,组织群众广泛开展群体活动,发展多项休闲体育运动项目,吸引游客,满足消费者多样化的休闲体育需求。宁夏位列第二,主要是因为其发展休闲体育制造业,拥有全球顶尖的产品交易市场,同时,宁夏利用自身丰富的旅游资源和独特的地理环境,开展马拉松、大漠健身等特色休闲体育活动,带动休闲体育产业生态系统的有效发展。四川省位列第三,挖掘山水资源潜力,紧抓休闲体育产业落地,举办休闲体育赛事,因地制宜促进休闲体育产业生态系统发展。

从全要素生产率来看,18个省份的全要素生产率指数均大于等于1,占全国的60%,北京、福建、湖南、新疆四个地区考虑环境因素后,效率值开始呈增长趋势,仅云南一省在考虑环境因素后,效率值呈恶化趋势,说明云南在发展休闲体育产业生态系统的过程中,对环境效应的关注度较低。全要素生产率中,同样是辽宁增长率(-23%)最低,重庆增长率最高(29.5%)。

从六大地区绿色全要素增长率增速来看,西南地区(8.8%)>华东地区(7.5%)>西北地区(6.9%)>中南地区(-0.9%)>华北地区(-3.2%)>东北地区(-6.1%)。西南、华东、西北地区均实现GTFP提升,而华北、东北、西南地区绿色全要素生产率呈退步趋势。从全要素生产率来看,中南地区超越了华东及西北地区,增长率为9.8%,呈进步态势。六大地区纯技术效率均呈进步趋势,技术进步效率除东北地区均呈进步趋势。

从效率分解来看无论是否考虑环境影响,效率值呈退步趋势时均受技术进步效率的制约。两种情况下的规模效率均呈进步趋势,纯技术效率仅华东地区在考虑环境因素后未呈进步趋势。因此,从地区来看,纯技术效率和规模效率是全要素生产率和绿色全要素生产率增长的推动力,而技术进步效率起制约作用,有待进一步提升。

总而言之,我国休闲体育产业生态系统因需而生,应势而生,测度期间,绿色全要素生产率整体呈进步趋势,但是受多种因素的影响,发展趋势不稳定。大多数情况下,绿色全要素生产率要高于全要素生产率,呈环境友好型发展。六大地区中,西南地区增长率最高,东北地区增长率最低。纯技术效率和规模效率为推动力,技术进步效率则起制约作用。所以,各区域应整合资源,系统开发,完善休闲体育产业生态系统内部结构,合理利用技术资源,实现各地区休闲体育产业生态系统的可持续发展。

第三节 休闲体育产业生态系统效率影响因素实证分析

前文通过实证测算得出，2010—2016年我国30个省、市、自治区（西藏、港澳台除外）休闲体育产业生态系统的静态及动态绿色全要素生产率。结果显示，我国各省份的效率值存在差异，动态变化趋势呈波动特征。为探析各地区效率值差异和变动的原因，本节结合前文理论分析，对休闲体育产业生态系统效率的影响因素进行实证研究。影响因素依据第三章影响因素梳理及机理分析，结合指标数据的可获得性选取。

一、模型构建与指标选取

（一）模型选取与构建

由于DEA所测效率值属于受限因变量，Tobit模型作为设限或截取模型的典型代表，对受限因变量的参数估计最为有效，若采取一般回归模型，参数的估计将是有偏且不一致的。因此，本节运用Tobit模型研究休闲体育产业生态系统绿色全要素生产率的影响因素。在Tobit模型中，绿色全要素生产率作为因变量，各个影响因素作为自变量，通过所得系数判断影响因素对效率值的作用方向与强度。陈强（2014）认为Tobit固定效应模型通常不能得到一致、无偏的估计量，随机效应模型更好[①]，基于以上分析，构建Tobit面板数据随机效应模型如下公式：

$$GTFP_{it} = \beta_0 + \beta_i \cdot x_{it} + \varepsilon_{it} \qquad (6-11)$$

其中，GTFP为被解释变量，x为解释变量，β_0为回归方程的常数项，β_i分别代表各解释变量的估算系数，t为年份（t = 2011,2012,…,2016），i为决策单元（i = 1,2,3,…,30），ε为随机误差向量。

（二）指标选取与数据来源

通过第三章影响因素梳理及作用机理分析，我们得知休闲体育产业生态

---

① 陈强．高级计量经济学及Stata应用（第2版）[M]．北京：高等教育出版社，2014．

系统的三个组成部分都会对其产生全方位、多层次的影响，参考影响因素数据的获取原则，本书进一步选取 13 项指标作为解释变量进行实证分析。第二节所测绿色全要素生产率作为被解释变量。

绿色全要素生产率（GTFP）：使用前文所测绿色全要素生产率，即 GML 指数。由于 GML 指数表示绿色全要素生产率相较于上一年度的增长率，因此需要将其转化为绿色全要素生产率的实际值。借鉴李斌等（2013）的做法，GTFP 的实际值由 GML 指数连乘获得[①]。假设 2010 年为基期的 GTFP 为 1，GTFP2011 = GTFP2010 × GML2011，GTFP2012 = GTFP2011 × GML2012，以此类推获得各年的 GTFP 实际值。

市场需求（X1）：市场需求是休闲体育产业生态系统发展的动力，其大小很重要一部分原因取决于消费者的消费水平。根据马斯洛的需求层次理论，休闲体育活动属于较高层次的精神层面需求，当消费水平高时，更倾向于进行休闲体育活动。因此，本节用居民人均可支配收入表示市场消费能力，消除价格因素并做对数处理。

产业结构（X2）：休闲体育产业生态系统的制造业、服务业基于一定的技术经济联系，在合理的空间布局内，形成多链条、复杂化的关联，只有各产业互相促进，有效提供产品和服务，利益合理分配，才能促进系统效率的进一步提升，因此本书选取第三产业产值占国民经济总产值比重来表示各省的产业结构。

产业布局（X3）：休闲体育产业集聚在一定的空间内，能够有效利用公共资源，及时进行人才、资金、技术的交流，并形成良性竞争，提高系统效率；同时产业的集聚程度也在一定程度上可以反映出其发展水平。本书借鉴张清正（2013）在其发表的作品中所采用区位熵表示产业集聚[②]，以反映各地区休闲体育的专业化程度，其公式为：

$$LQ_{ij} = \frac{q_{ij}/q_j}{q_i/q} \qquad (6-12)$$

其中，q_{ij} 表示 j 地区 i 产业就业人数，q_j 表示 j 地区所有产业就业人数，q_i 表示全国 i 产业就业人数，q 表示全国所有产业就业人数。

[①] 李斌，彭星，欧阳铭珂. 环境规制、绿色全要素生产率与中国工业发展方式转变——基于 36 个工业行业数据的实证研究 [J]. 中国工业经济，2013（4）：56-68.

[②] 张清正. 中国金融业集聚及影响因素研究 [D]. 长春：吉林大学，2013.

企业规模（X4）：企业规模和大规模企业的数量在一定程度上可以反映产业的整体实力，规模较大的生产企业内部分工更明确，更有实力进行技术创新，形成规模效益，服务型企业则拥有更广泛的消费者群体，可进行创新性发展，影响系统效率。本书选取各地区体育企业注册资本前10位的企业，对其注册资本进行加总，表示企业规模，消除价格因素，进行对数处理。

科技创新水平（X5）：科学技术是第一生产力，尤其在新时代产业的竞争中科技创新水平发挥着举足轻重的作用。科技水平的提高对生产者而言，可以改变生产中的劳动者、劳动工具、劳动对象和管理水平，能够降低体育制造业生产成本，提高产品和服务产量，增加收益。对消费者而言，会带来更好的体验和更多的便利，能够享受高质量的休闲体育场馆建筑，使用高品质的休闲体育用品，体验突破时空格局的休闲体育服务，同时也会因为技术水平的提升用更少的钱享受更多的服务。科技创新水平的发展对休闲体育产业生态系统具有重要影响，本节用各省体育科研课题数量来表示科技创新水平，做对数处理。

基础设施建设（X6）：基础设施的建设水平和完善程度一方面可以反映出一地区休闲体育产业的发展水平，另一方面也能刺激更多的休闲体育消费。基础设施健全的地区能够吸引休闲体育制造业、服务性企业等入驻，形成集聚优势，享受公共资源，降低生产成本；同时，也会为消费者进行休闲体育活动提供便利的场所、设施，培养居民的休闲体育运动习惯，在社会范围内形成良好的氛围。因此，本节用各省体育场馆数量来表示基础设施情况，做对数处理。

人力资本结构（X7）：休闲体育产业各行政机关从业者、运动项目管理从业者、研发机构从业者、其他企事业单位等从业人员的在产业生态系统的各个环节发挥着关键作用，高素质的劳动者能够优化工作流程，开展创新活动，提高工作效率，进而提高系统效率。结合数据可得性，本文选取在岗专职教练员中本科及以上人员占总人数的比例来表示各省休闲体育产业劳动力质量。

产业政策支持（X8）：目前来看，我国休闲体育产业生态系统的发展得益于政府的政策及资金支持，在政府政策引导、资金投入的导向下，撬动市场投资，增加系统内运行资本，促进区域内休闲体育产业生态系统效率的有效提高。体育产业财政拨款额包含了政府在财政运营、一般行政事务管理、运动项目管理、体育场馆、群众体育、体育交流与合作等方面的财政拨款，较为全面地反映了政府在休闲体育产业生态系统方面的投入。因此，本书用体育产业财政拨款额来表示各地区政府的支持力度，消除价格因素，对其做对数处理。

环境空间（X9）：人们进行休闲体育活动需要依赖一定的环境因素，对于消费者而言，良好的自然环境为消费者进行休闲体育运动提供了天然的场所和舒适的环境，无形中增加了人们休闲体育活动的欲望，促进了休闲体育消费。本节用人均公园绿地面积来表示自然环境因素，对其做对数处理。

资源禀赋（X10）：休闲体育赛事开展、活动举办都离不开各地区所拥有的自然禀赋，自然禀赋优越的地区具有天然的优势和极大的吸引力，而且有助于地区开发特色休闲体育项目，形成独有的竞争力，有利于休闲体育产业生态系统的健康发展。本节用A级以上旅游景区数量来表示资源禀赋，对其做对数处理。

对外开放水平（X11）：对外开放水平较高的地区，有利于引进国外资本，吸引国外已经发展成熟的休闲体育企业到该地区发展，为该地区带来成功的运营经验，创新技术，提供资金支持；同时，该地区休闲体育企业之间的有效竞争，也会促进休闲体育产业生态系统的发展。本书利用各省实际利用外商投资额表示对外开放水平，经汇率换算，消除价格因素，做对数处理。

城市化水平（X12）：城市化水平提高为休闲体育产业生态系统提供发展空间，使人们生活方式发生变化，消费观念发生转变，对休闲体育活动产生更多需求，城镇人口更是休闲体育活动的主力军，因此本书采取城镇人口占总人口的比重表示城市化水平。

经济发展水平（X13）：宏观经济的发展是休闲体育产业生态系统发展所依托的大环境，在经济发展水平高的环境中，休闲体育制造业和休闲体育服务业市场需求大，融资水平高，直接导致生产投资增加，间接影响系统发展的活力。因此，本书采用GDP增长率表示各省的经济发展水平高低。为保证数据可比性，先消除价格因素。其计算公式为：

$$\text{GDP 增长率} = \frac{\text{本期 GDP} - \text{上期 GDP}}{\text{上期 GDP}} \times 100\% \qquad (6-13)$$

综上所述，本书选取的休闲体育产业生态系统影响因素、指标、代码、数据来源汇总如表6-5所示。

表6-5 休闲体育产业生态系统效率影响因素变量描述

	影响因素	指标	代码	数据来源
核心产业系统层	市场需求	居民人均可支配收入	X1	《国家统计年鉴》
	产业结构	第三产业增加值/GDP	X2	作者计算
	产业布局	区位熵	X3	作者计算
	企业规模	休闲体育企业注册资本	X4	Wind 数据库
内部环境系统层	科技创新水平	科研课题数	X5	《体育事业年鉴》
	基础设施建设	体育场馆数量	X6	《体育事业年鉴》
	人力资本结构	劳动力质量	X7	《体育事业年鉴》
	产业政策支持	体育产业财政拨款额	X8	《体育事业年鉴》
外部环境系统层	环境质量	人均公园绿地面积	X9	《国家统计年鉴》
	资源禀赋	A级以上旅游景区数量	X10	《中国旅游统计年鉴》
	对外开放水平	实际利用外商直接投资额	X11	Wind 数据库
	城市化水平	城市人口/总人数	X12	作者计算
	经济发展水平	地区生产总值增长率	X13	《国家统计年鉴》

二、实证研究结果

(一) 数据统计性分析

对上述休闲体育产业生态系统效率值的影响因素进行描述性统计,结果如表6-6所示。

表6-6 休闲体育产业生态系统效率影响因素描述性统计

变量	均值	标准差	最小值	最大值	样本量
X1	9.529644	0.336248	8.899198	10.45477	180
X2	0.4515753	0.0912387	0.0912622	0.5904543	180
X3	1.148123	0.3919789	0.2300762	2.79332	180
X4	8.643555	1.839703	1.70054	14.55406	180
X5	2.588193	1.734574	0	6.186209	180
X6	2.811885	0.9039881	0	4.234107	180
X7	0.5378877	0.209503	0	0.9375	180

续表

变量	均值	标准差	最小值	最大值	样本量
X8	10.57331	1.36745	3.881316	13.20791	180
X9	2.503579	0.2132195	1.947338	2.978586	180
X10	5.291702	0.6952366	3.465736	6.960348	180
X11	14.362	1.59809	8.755732	16.78187	180
X12	0.5605	0.1259568	0.35	0.9	180
X13	0.0262611	0.0522327	-0.2737481	0.1530455	180

资料来源：根据 Stata 软件测度结果整理而得。

由各解释变量的描述性统计结果可以观测出数据所具有的特征，由表6-6可知，面板数据样本量为180。产业结构的标准差较小，为0.091，说明各地区第二产业增加值占国民生产总值比重的离散程度差异小。测度期间，各地区区位熵均值为1.148123，最小为0.2300762，最高为2.79332，一般认为区位熵越高，该地区产业集聚水平越高，区位熵均值大于1，说明我国各地区休闲体育产业总体具有区域经济优势。基础设施建设相对于科技水平标准差较小，消费者和企业进行休闲体育消费和生产的基础不同。企业注册资本的标准差最大，达到1.84，说明各地区企业的发展规模存在较大差距。科学技术水平的标准差数值排第二位，为1.73，说明各地区科研水平差距明显，各地休闲体育产业生态系统效率所依靠的技术基础不同。就劳动力质量而言，部分地区的在岗专职教练员本科及以上人才占比达90%以上，而部分地区无本科以上学历，地区间差异较大。从产业政策因素来看，标准差为1.527304，最小值与最大值相差较大，说明各省份地方政府对休闲体育产业发展的支持力度有一定的区别。A级以上旅游景区标准差略高于人均公园绿地面积，标准差都较小，各地区赖以发展的自然环境条件不同，但对休闲体育产业发展产生的影响程度差异较小，部分地区存在天然的资源禀赋，休闲体育产业发展基础较好，也有利于居民进行休闲体育活动。实际利用外商投资额标准差较大，说明各地区对外开放水平具有明显差异，沿海地区和经济发达地区对外商的吸引力度更大，外资对休闲体育产业的投资更充足。城市人口占总人口比重均值为0.5605，其中上海2013—2014年城市化水平最高达0.9。国内生产总值增长率的最小值为-0.27，最大值为0.153，标准差较小，为

0.0522327，说明各地区经济发展水平离散程度较小。

(二) 实证检验结果分析

运用 Stata 软件，导入面板数据，从全国和六大地区层面分析各影响因素指标对休闲体育产业生态系统绿色全要素生产率的不同作用效果，使用 Tobit 相关命令语句，得到的回归分析结果如表 6-7 所示，同时，本书进行 Hausman 检验，结果显示 p 值均不显著，接受原假设，因此采用随机效应模型。

表 6-7 Tobit 回归分析结果

	全国	华北	华东	中南	西南	西北
X1	-1.1589* (-1.86)	-0.4088 (-0.76)	-1.9188*** (-3.95)	4.4629*** (4.89)	2.9014 (0.91)	-0.2062 (-0.11)
X2	-0.1555 (-0.19)	-0.8162*** (-1.81)	4.3067*** (2.77)	1.5140 (1.21)	-8.4996** (-2.08)	5.9179 (1.39)
X3	-0.4498*** (-3.66)	-0.5808*** (-3.05)	0.0741 (0.27)	-0.1201 (-0.67)	-0.6450*** (-2.68)	-0.4237 (-1.64)
X4	0.0059 (0.32)	0.0273** (2.04)	0.0102 (0.47)	-0.0088 (-0.21)	-0.1989** (-2.18)	0.0998*** (2.69)
X5	-0.0411* (-1.61)	-0.0109 (-0.48)	0.0495 (1.45)	-0.0300 (-0.93)	-0.1378* (-1.94)	-0.1508*** (-2.57)
X6	0.0578 (0.59)	0.5137*** (5.00)	0.2552 (0.88)	0.0116 (0.10)	-0.4952 (-1.34)	0.2780 (1.33)
X7	0.2284 (1.41)	-0.0156 (-0.12)	0.3431 (1.50)	-0.7107** (-2.18)	0.5370 (0.66)	-0.1221 (-0.28)
X8	-0.0692** (-2.52)	-0.0752** (-2.41)	-0.0374 (-1.44)	-0.0129 (-0.47)	-0.0533 (-1.05)	-0.3020*** (-3.30)
X9	-0.1453 (-0.50)	-0.3536 (-1.06)	0.2296 (0.69)	0.0004 (0.11)	-3.2741*** (-3.69)	-1.1689 (-1.24)
X10	0.2766*** (2.73)	0.3668*** (3.96)	0.1823** (2.27)	0.2094 (1.35)	1.8199*** (3.74)	-0.7049*** (-2.60)
X11	-0.1114** (-2.07)	-0.0341 (-0.35)	-0.2091 (-1.23)	-0.1943*** (-2.86)	-0.4970** (-2.42)	0.2000* (1.68)

续表

	全国	华北	华东	中南	西南	西北
X12	3.5091*** (2.72)	1.2925 (1.11)	1.8511 (0.68)	-7.6783*** (-4.35)	9.9262* (1.84)	4.6446 (1.22)
X13	2.1340*** (3.02)	-0.6776 (-1.13)	1.0742 (0.85)	2.1342 (1.29)	6.1974 (1.61)	2.7897 (1.38)
cons	9.5481** (2.23)	3.1575 (0.81)	1.2065*** (4.39)	-3.6608*** (-4.99)	-17.4329 (-0.66)	3.2689 (0.22)
Hausman	p=0.6631	p=0.9634	p=0.6286	p=0.6791	p=1.0000	p=0.9635

资料来源：根据Stata软件回归结果整理而得。

注：***、**、*分别表示在1%、5%、10%水平下显著，括号内数值为z统计量。

由表6-7的回归结果，可分析得出以下结论：

从核心产业系统层来看，居民可支配收入在10%水平下呈现负向影响，其原因可能是居民可支配收入中花费在休闲体育产业上的比重较少，未能促进绿色全要素生产率的提高。产业结构与全国绿色全要素生产率呈非显著性关系，对华北地区及西南地区呈显著负向影响，说明目前阶段这两个地区的休闲体育产业生态系统的运行对休闲体育制造业的依赖性较大；对东北、华东、西南、西北地区呈正向影响，对华东地区呈显著正向影响，说明在测度期间华东地区的休闲体育服务业发展水平较高，对于提升系统效率具有正向影响，之后产业的发展过程中也要重视体育服务业的发展。产业布局因素对全国、华北地区、西南地区绿色全要素生产率在1%显著性水平下呈负向影响，而对东北、华东、西北地区而言则没有显著影响，其原因可能是这些地区未形成产业集聚优势，休闲体育产业的区域专业化程度不足，因而不仅未提升，反而抑制了系统效率。企业规模与全国休闲体育产业生态系统非显著性相关，对华北、东北、西北地区呈显著正向影响，说明在这三个地区，企业规模的扩大，能够产生规模效应，节能减排，降低能耗，促进该地区绿色全要素生产率的提高。相反，对西南地区而言，企业规模的进一步扩大会抑制系统效率的提升，不利于休闲体育产业生态系统的发展。

从内部环境系统层来看，休闲体育科研课题数与全国效率值在10%水平下呈现反向影响，对西南地区和西北地区分别在10%和1%显著性水平下呈反向影响，说明休闲体育产业的科技创新未能对系统绿色全要素生产率产生促进作用，而前文效率测度发现纯技术效率是系统发展的重要推动力，因此测度期间科技创新因素为制约因素。从基础设施建设来看，体育场馆数量与全国效率值呈现正相关关系，未通过显著性检验。但是对华北、东北地区而言，基础设施建设与效率值呈显著正相关关系，说明在测度期间基础设施建设能够促进该地区休闲体育产业生态系统的发展。从人力资本结构来看，在岗专职教练员学历与全国效率值呈现正相关关系，未通过显著性检验。同时，六大地区中仅对中南地区呈显著负相关关系，其他地区均未呈显著性，分析其原因：一方面在于现阶段专职教练员常服务于运动员或长期在固定场所进行计划性健身的人群，大众进行休闲体育活动对专职教练员的需求较低。另一方面，专职教练员作用的发挥在于其专业性，与学历高低可能并无直接关系。因此，并未通过显著性检验。培养具有高效率学习能力、生产能力、具有绿色生态意识的高质量人才是休闲体育产业生态系统绿色全要素生产率提高的关键之一。体育产业财政拨款额与全国效率值在5%显著性水平下呈负向影响，说明休闲体育产业的发展受政府影响较大，政府的产业政策、财政支持、行政调控能够有效刺激休闲体育市场。但是，值得注意的是全国及六大地区产业政策因素均与效率值呈负相关关系，且对华北和西北地区呈显著负向影响，这说明在我国现阶段，政府对休闲体育产业扶持过程中可能存在资源浪费的现象，未能与休闲体育市场相契合，抑制了各地区绿色全要素生产率的提升。政府在促进休闲体育产业发展的过程中应符合各地区的休闲体育市场需求，在具有资源禀赋、休闲需求较大的地区增加财政拨款，撬动市场投资，实现效率提升；若罔顾市场，盲目的创造条件发展休闲体育产业，则会引起反向作用。

从外部环境系统层来看，人均公园绿地面积对全国休闲体育产业生态系统绿色全要素生产率呈非显著性关系，仅对西南地区在1%显著性水平下呈负向影响，说明测度期间，消费者的公园环境与大多数地区系统效率为非线性关系，西南地区应注重消费者的公园环境提高，满足人们亲近自然，与自然和谐相处的需求，进而促进绿色全要素生产率的提高。A级以上旅游景区则在1%显著性水平下对全国休闲体育产业生态系统绿色全要素生产率呈正向影响，系数为0.2666，原因是旅游景区一方面为当地群众户外健身休闲提供场地和空间，满足人们多样化的休闲需求，另一方面形成了当地发展休闲体育产业的天然资源优势。旅游景区对华北、华东、西南地区均呈显著正向影响，这些地区可借助资源禀赋优势提升绿色全要素生产率，对西北地区呈显著负相关关系，说明西北地区不具备发展休闲体育产业的生态环境优势，但可以通过其他途径提升系统效率。对外开放程度对东北和西北地区分别在5%和10%水平下呈现正向影响，而对中南和西南地区在1%和5%水平下呈负向影响。说明东北和西北地区直接利用外商投资额的增加有利于该地区产业的发展，能够提高系统绿色全要素生产率，而对于中南和西南地区而言，直接利用外商投资额的增加不易消化，反而抑制效率提升。GDP增长率和城市化水平对全国绿色全要素生产率在1%水平下呈显著正向影响，说明在测度期间，经济的快速发展和城市人口的增加有利于休闲体育产业生态系统效率的提升。从六大区域来看，GDP增长率对效率的提高呈非显著影响，说明国民生产总值增长速度与休闲体育产业生态系统效率并非呈线性相关关系。居民可支配收入对东北和华东地区呈显著负向影响，对中南地区呈显著正向影响，且系数较大，对华北、西南、西北未呈现显著影响，说明居民可支配收入的提高有利于中南地区休闲体育产业生态系统的发展，但是东北和华东地区受其制约。城市化水平对中南地区在1%水平下显著反向影响，对西南地区在10%水平下显著正向影响。西南地区可通过提高城市化水平的途径有效提高系统效率，中南地区受城市化水平显著影响但要结合实际情况，拓展城市居民休闲体育活动消费市场，改变其抑制效率增长的现状。

总体而言，在我国休闲体育产业生态系统效率的影响因素中，外部环境系统层中因素所发挥的影响效应更大，内部环境系统层中的科技创新和产业政策对休闲体育产业生态系统的效率影响显著，而核心产业系统层中的市场需求和产业布局对休闲体育产业生态系统效率的影响较为突出。六大地区效率值的内外部影响程度各不相同。

本章小结

第一，休闲体育产业生态系统效率是系统内各产业之间，产业与外部环境之间协调运行的结果，具体可细分为配置效率、技术效率、规模效率、生态效率。

第二，2010—2016年我国休闲体育产业生态系统静态年均绿色全要素生产率为0.847，未达到有效状态。动态绿色全要素生产率实现了环境友好型增长，21 个省份的绿色全要素生产率呈进步趋势，辽宁省最低下降了 19 个百分点，重庆最高上升了 31.8 个百分点。六大地区绿色全要素生产率增速中，西南地区最高，东北地区最低。

第三，从全国绿色全要素生产率来看，GDP 增长率、城市化水平、资源禀赋因素呈显著正向影响，居民可支配收入、对外开放水平、产业政策、产业集聚和基础设施因素呈显著负影响，其他因素未呈显著性。

第四，从六大区域来看，华北地区受政府政策、生态环境、产业内部发展因素影响较大，东北和中南地区受经济发展和企业规模因素影响较大，华东地区主要受产业集聚和资源禀赋的正面影响和市场需求的负面影响，西南地区受生态环境因素和产业发展因素影响较大，西北地区受政府政策、资源禀赋、科技水平的负面影响，企业规模则正面影响系统效率。

第七章

基于产业生态系统的休闲体育产业发展策略

良好的产业生态系统对产业发展至关重要，只有形成健康的产业生态系统，构建良好的运行机制，才能支撑休闲体育产业新技术、新产品、新业态、新服务和新企业的成长与变革，推动休闲体育产业的繁荣。由前文的理论和实证分析可知，休闲体育产业生态系统的可持续运行和高质量发展需要多方主体的共同努力，核心产业系统中的供给和需求方是休闲体育产业生态系统运行需要重点关注的对象，源源不断的市场需求是产业发展的不竭动力，而与需求相匹配，甚至对消费需求有引导作用的产业供给则为产业的可持续发展提供强有力的支撑。所以，一方面要采取各种举措全面激发市场需求，开拓休闲体育市场，营造良好的休闲体育产业发展环境；另一方面，要积极推动休闲体育产业供给侧改革，促进休闲体育产业结构的优化升级，增加休闲体育产业资本要素投入，使休闲体育产业供给适应新时代休闲体育需求发展，并引领群众向更高阶的需求转变。产业环境系统层是休闲体育产业取得健康发展的强力支撑，任何产业的发展都离不开与周围各要素的互动，由前文的实证分析可知产业环境系统层中的金融支持、科技创新、产业融合、政府政策等因素与休闲体育产业生态系统的运行都息息相关；与相关产业的交流与合作不仅可以为休闲体育产业的发展提供新思路和新想法，而且可以扩大产业发展的半径，节约产业发展能耗，提高产业发展效率。而休闲体育产业的发展壮大和创新提升同样需要政策、资金、科技、人才等外部因素的全力支持，以为其创造良好的政治、经济和社会环境，使其能够有不竭的创新动力、自由安全的发展空间。休闲体育产业系统发展策略图如图7-1所示。

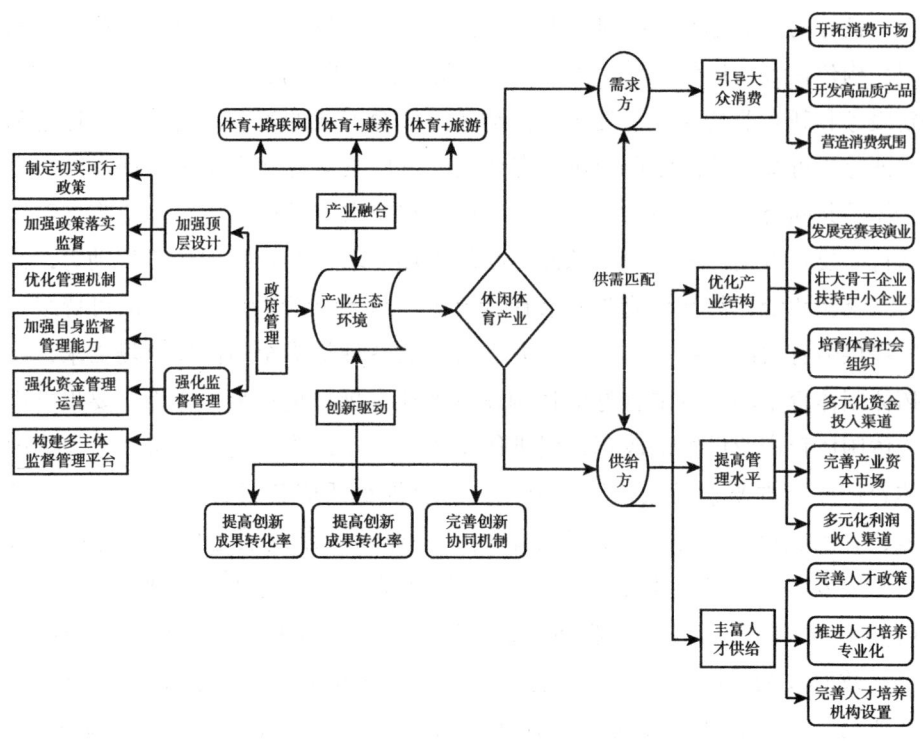

图7-1 休闲体育产业系统发展策略图

第一节 把握体系核心要素，促进产业供需匹配

一、促进体育主导产业发展，优化体育产业结构

主导产业指对产业结构优化升级具有推动作用，对经济增长具有带动作用的产业。体育健身休闲业是体育服务业的主体组成部分，大力发展体育健身休闲业是落实全民健身国家战略的内在要求，有利于满足大众健身休闲消费的需求，推动健身休闲业和竞赛表演业成为体育主导产业，优化休闲体育产业结构，所以政府要加大对体育健身休闲产业的扶持和引导，相关企业也要紧抓市场机遇，开发满足新时代人民休闲健身需求的产品与服务。首先，大力发展体育竞赛表演业，体育竞赛表演业是体育服务业的支柱产业之一，大力发展商业性和群众性体育赛事有助于活跃体育市场。为此可以通过引进

国际知名体育赛事和赛事中介机构，培育本土体育赛事品牌，引导国内体育机构从事体育中介业务，提高体育赛事举办水平等举措壮大体育赛事表演业市场规模。其次，提升我国休闲体育产业竞争力，培育体育骨干企业，形成对体育市场的示范与引领作用，增强体育产业国际竞争力；扶持体育中小微企业，推进体育领域"大众创业、万众创新"，提升体育市场活力，培育多样化的体育产品以服务休闲体育市场、满足消费需求；培育体育社会组织，发挥政府引导作用，深化体育领域"放管服"改革，积极承接公共体育服务职能，完善我国基层休闲体育消费市场建设，满足大众休闲体育需求。

二、增加资本要素投入，提高产业管理水平

资本要素是休闲体育产业生态系统建设过程中获取其他生产要素的重要支撑，因此要加强对资本要素的重视，以及多元化资金投入渠道。首先，政府要通过行政体制改革，简政放权，减少对休闲体育产业的微观干预，让更多社会资本进入到休闲体育产业，壮大休闲体育产业的资本供给实力。其次，要形成完善的产业资本市场，在各级体育行政部门的协调主导下，形成产业基金、证券市场、债券市场、引导基金等相对完善的产业资本市场，不断提升休闲体育产业应对金融市场变化的能力；同时，积极鼓励以金融业为代表的金融机构加大对休闲体育产业的资金投入，实现休闲体育产业和金融产业的互利共赢；除此之外，休闲体育产业市场要积极建立休闲体育企业投融资平台，通过市场化手段鼓励并吸引不同渠道的社会资本进入，减少对政府拨款的依赖。最后，增加休闲体育产业市场的利润收入，比如，通过半开放化运营体育场馆设施，满足居民休闲体育活动的需求，同时也可以提高场地和服务的利用率，促进群众休闲体育活动的开展，实现场馆运行的自给自足；积极举办各类观赏性体育赛事活动，通过销售门票、广告赞助等方式一方面可以提升举办地的知名度、形成赛事的品牌效应，另一方面也可以为休闲体育产业产值的提升做出贡献。

三、把握休闲体育市场需求，丰富休闲体育产品市场

发展休闲体育产业的首要目的就是满足人民的消费需求，而休闲体育产业的创新发展和高质量提升均需建立在市场需求的基础之上。首先，休

闲体育市场与社会需求之间具有双向互动关系：一方面，在经济水平升级、大众收入提高的背景下，消费者对休闲体育产品和服务的需求不断增加，因此为满足大众对休闲体育产品丰度和产品高品质的需求，要借助市场羽翼，以市场和大众需求为导向进行产品开发；另一方面，休闲体育市场的建立对大众消费具有一定的引导作用，因此为贯彻落实"体育强国"建设要做到"以人为本"，从民众的需求出发，发展人民喜闻乐见的休闲体育产业，促进我国休闲体育产业的高品质发展。其次，提升休闲体育产业创新能力，创新能力的不断提升是产业创新生态系统持续保持活力的动力，也是休闲体育产业延长生命周期的重要途径。而休闲体育产业生态系统想要得到源源不断的创新能源，需要多方主体的共同努力，因此要加快对创新主体的培育，出台相应政策积极引导市场主体开展休闲体育创新活动，创新休闲体育活动方式，提高产品质量，丰富休闲体育产品市场供给。

四、拓宽人才培养渠道，丰富体育人才供给

人力资源是休闲体育产业生态系统建设的核心供给要素，所以要紧抓休闲体育产业人力资源供应链建设。首先，在人才政策方面，坚持市场需求导向，鼓励有条件和有实力的高等院校申报体育产业相关专业，积极培养休闲体育专业人才；出台人才激励政策，构建多层次人才奖励体系，对休闲体育专业人力资源进行整合，加大对优秀体育人才的引进，培育对体育发展规律和市场需求变化敏感的复合型人才，促进休闲体育产业的创新发展。其次，在人才培养上，强化教育投入，提高休闲体育人才素质。不仅让高校和科研院所参与人才培养，而且要积极引导社会力量参与，培养具有休闲体育知识技能、了解休闲体育运营管理、能够对休闲体育活动进行专业指导、且休闲体育实践能力较强的专业性人才；同时要加大对休闲体育产业从业人员的技能培训，全面提升休闲体育产业从业人员素质。最后，推进体育产业与教育培训行业的融合，大力发展体育培训机构，完善休闲体育产业人才培养的机构设置，形成校—企联合培养的专业级别人才培养机制，为休闲体育产业人才培养提供更多元的渠道，形成有效支撑体育产业发展的高层次人才培养体系。

第二节 注重外围环境要素，提供发展强力支撑

一、推动相关产业联动发展，多样化休闲体育产品

通过多产业联动，不仅可以节约生产经营成本，而且对于完善休闲体育产业生态系统建设、壮大休闲体育产业市场、提升休闲体育产业竞争力具有重要意义。所以要打破传统的产业界限，加强产业融合，推进高质量的"体育+"行动。首先，促进体育产业与休闲文旅产业的融合，将体育旅游纳入国家和行业标准，挖掘各地的自然资源、人文资源和民俗特色等优势，积极开展文体或文旅项目，打造具有地方特色的休闲文旅体育项目。其次，推进体育产业与健康医药产业的融合发展，构建具备科学性和针对性的体质评价体系，利用大数据和人工智能等新兴技术，为消费者提供个性化和定制化的健身方案和运动指导，积极建设健康休闲体育小镇、发展休闲康养旅游、开发体育康养产品，为建设"健康中国"和满足人民美好生活需要提供多样化的选择。最后，大力促进休闲体育与互联网产业的融合发展，进入科技新时代，各种网络平台和技术手段已经和人们的生活产生了深度融合，休闲体育产业也紧跟时代潮流，开发了各类线上体育平台和体育智能互动技术，但目前市场上仍然存在产品同质化、产业技术力薄弱等现象。所以今后休闲体育相关企业要加强与互联网企业、VR技术的合作与融合，不断开发更多适应市场需求、紧跟科技发展的新产品和新服务。

二、推进产学研一体化进程，实现产业系统创新升级

提升休闲体育产业生态系统的创新活力，可以有效促进休闲体育产业生态系统的可持续发展。首先，要促进休闲体育企业、高等院校、科研机构等创新主体的深度合作，促进"产、学、研"一体化，推动系统共同进行持续性地科技创新。政府应注重引领产学研的协作发展，以便为提升系统的创新活力提供高效服务，同时，要积极出台创新政策，加强对休闲体育产业创新发展的引导，健全知识产权保护力度，着力塑造公平公正的创新氛围，保护系统内部创新主体的高效利益。其次，企业要以市场需求为导向，不断吸引

科技专业人才加入，为高校和科研机构学生提供社会实践平台，整合并利用技术资源和技术优势，促进产学研的深度合作，提高科学研究的成果转化率，真正做到将科技创新转化为企业内部生产力。最后，建立全方位、全系统的协同创新机制，打破系统内部创新主体之间的壁垒，建立及时有效的沟通机制，对产业创新生态系统的发展目标进行规划、调整，以此实现系统创新能力不断提升的目的，并通过不同层面的资源协同，实现人才、资金、知识以及技术等创新资源的充分共享与有效利用，最终实现创新主体之间的深度协作，从而充分发挥休闲体育产业的创新能力。

三、加强休闲体育顶层设计，营造产业运行合理环境

自休闲体育产业出现以来，政府在休闲体育设施资源配置、休闲体育活动举办、公共服务责任承担方面发挥着不可替代的作用，休闲体育产业生态系统发展的任何阶段都离不开政府的支持和引导。所以，首先政府要加强顶层设计，在政策制定上要具体化、可操作化，在全面分析地区休闲体育产业发展现状的基础上，对政策的前期规划、出台实施、阶段评估、完善修整等各环节进行保障，着力形成相对完善的体育产业发展政策体系，并在此基础上，加大政策实施、考核评估、组织宣传的工作力度，通过体育产业重点政策的实施，推动体育产业创新发展。其次，加强对相关政策法规实施的监督管理，结合各地区休闲体育产业生态系统的发展现状，因地制宜落实产业政策，既要消除政策落实过程中的体制机制障碍，又要避免在政策实施过程中政府的过多干预，保证系统发展的协调性。最后，在管理机制上，要实现政府引领和市场主导相结合的资源配置方式，改变原有自上而下的传导机制，充分激活休闲体育产业发展的市场活力和广大群众参与体育的动力，实现从增长型政府向公共服务型政府的转变。

四、切实强化政府监督管理，着力发挥多方主体作用

政府除出台政策外，还要在政策实施的各个环节有效发挥自己的作用。首先，政府要切实强化监督管理作用，不断加强自身的监督管理能力，保障相关制度、政策落地，帮助优化休闲体育产业营商环境；同时也要加强对市场主体的监督管理，治理市场失灵乱象，维护消费者权益和市场秩序。其次，充分发挥政府的资金监督引导作用，政府为促进休闲体育产业的良性发展出

台构建了一系列资金支持举措，但在政策实施的过程中政府要加强对资金动向的监督和管理，避免出现资金滥用和乱用现象；在相关金融机构进入休闲体育市场的过程中也要加强对其的监督和管理，防止资金浪费和市场过度涌入的现象发生。最后，充分发挥企业、行业协会、体育社会组织、公益性健身俱乐部等社会力量，促进休闲体育产业生态系统形成市场化、社会化运作模式。实现产业生态系统内产权的多样化发展，扩大非国有企业的市场份额，为中小型休闲体育企业营造良好的发展空间。建立现代企业制度，形成科学的法人治理结构和经营管理制度，创新企业发展机制，实现资金、技术、人力等的合理运作，提升企业社会责任感，降低能耗，形成一批有国际竞争力的休闲体育企业集团。

第八章

研究结论与未来展望

第一节 主要结论

一、休闲体育产业生态系统概念模型界定

首先，在系统分析休闲体育产业和产业生态系统国内外研究进展的基础上，界定休闲体育产业生态系统的概念内涵，并从整体性、动态性、生态性、复杂性四个方面对其特征进行简要分析。其次，将休闲体育产业生态系统的构成概括为产业核心系统和产业生态环境两部分，其中，产业核心系统主要反映产业内部的供需关系，供给方包括主体产业和基础产业，需求方则为消费者；产业生态环境又可进一步划分为产业内部环境和产业外部环境，内部环境包含科研机构、政府机构、金融机构和相关产业四个部分，外部环境则包含社会环境、自然环境和经济环境三个方面。最后，借助文本分析和扎根理论从核心产业系统、内部环境、外部环境三个方面整理分析了11个具体影响因素及它们之间的逻辑关系。

二、休闲体育产业生态系统演化分析

首先，在系统科学理论、生命周期理论、系统动力学理论的基础上，引入"演化"概念，详细分析了休闲体育产业生态系统演化的内涵、特征和演化过程。其次，通过市场调研及数据搜集，分析我国休闲体育产业的发展现状。研究发现，我国休闲体育产业的发展仍处于初级阶段，在发展过程中存在生态系统构建不完善、系统自生能力较弱、产业内部创新性不足等问题。再次，以第三章所构建的影响因素概念模型为基础，构建了休闲体育产业生态系统演化SD模型。通过可视化的因果关系图和流图分析各因素之间的因果反馈关系以及对休闲体育产业产值的影响机理。最后，结合现状，通过政策模拟，验证了内、外部影响因素对休闲体育产业产值的影响情况。研究发现，外部影响因素中，政府的直接资金支持和间接政策干预、经济环境的进一步改善、科技创新水平的提高均对休闲体育产业的发展具有显著影响，且政治环境的改善相较于经济、科技因素作用更加明显；内部影响因素中，资金供给的改善、产业融合与联动发展、企业内部的创新行为、市场环境的改善均

对休闲体育产业生态系统的演化有益。其中，产业之间的融合发展、企业内部创新均会增加企业的供给能力，满足大众对产品和服务质量和数量的需求，两者对休闲体育产业生态系统的演化作用较为明显。

三、休闲体育产业高质量发展评价研究

首先，在前人研究的基础上提出休闲体育产业高质量发展是以经济高质量发展为背景，实现休闲体育产业规模壮大、质量效益提升、结构优化、动能转型升级、资源配置优化和价值最大化的有机统一。它是休闲体育产业发展的稳定性、协调性、创新性、高效性和可持续性的综合，是释放产业发展活力、激发产业发展创新力、增强产业发展竞争力、促进产业发展的可持续、满足人民日益增长的美好生活需要的高质量型发展。其次，在第三章休闲体育产业生态系统概念模型的基础上，构建了休闲体育产业高质量发展水平综合评价指标体系，利用熵值法对休闲体育产业高质量发展水平进行了测度与评价。研究结果显示：2008—2018 年，全国休闲体育产业高质量发展水平整体呈现稳步上升趋势。从各维度指数的时序变化来看，各维度发展指数得分整体呈上升的趋势，但相对比来看，稳定发展、协调发展和创新发展三个方面的得分高于高效发展和可持续发展的得分。就整个研究区间来说，稳定发展指数在此期间提升了 21.08 倍；协调发展指数在此期间提高了约 5.65 倍，创新发展指数提升了 5.1 倍，高效发展指数增长了 0.74 倍，可持续发展指数提升了 10.28 倍。

四、休闲体育产业生态系统效率研究

休闲体育产业生态系统效率为系统内各产业之间，产业与外部环境之间协调运行的结果，具体可细分为配置效率、技术效率、规模效率、生态效率。首先，为了解我国休闲体育产业生态系统的发展效率，分别从静态和动态两方面进行休闲体育产业生态系统绿色全要素生产率测度，与全要素生产率进行对比分析，并进行时间趋势分析和区域差异分析。结果显示：2010—2016 年我国休闲体育产业生态系统静态年均绿色全要素生产率为 0.847，未达到有效状态。动态绿色全要素生产率实现了环境友好型增长，21 个省份的绿色全要素生产率呈进步趋势，辽宁省最低下降了 19 个百分点，重庆最高上升了 31.8 个百分点。六大地区绿色全要素生产率增速中，西南地区最高，东北地

区最低。其次，为了解影响我国休闲体育产业生态系统效率的因素，从产业核心系统、产业内部环境和产业外部环境三个方面构建包含 13 个具体影响因素的评价指标体系，结果显示，我国及六大地区休闲体育产业生态系统绿色全要素生产率受多种因素共同作用的影响。从全国绿色全要素生产率来看，GDP 增长率、城市化水平、资源禀赋因素呈显著正向影响，居民可支配收入、对外开放水平、产业政策、产业集聚和基础设施因素呈显著负影响，其他因素未呈显著性。从六大区域来看，华北地区受政府政策、生态环境、产业内部发展因素影响较大，东北地区和中南地区受经济发展和企业规模因素影响较大，华东地区主要受产业集聚和资源禀赋的正面影响和市场需求的负面影响，西南地区受生态环境因素和产业发展因素影响较大，西北地区受政府政策、资源禀赋、科技水平的负面影响，企业规模则正面影响系统效率。

第二节 研究不足与展望

一、研究不足

第一，在对休闲体育产业边界的界定上，由于文献资料的欠缺，本书基于对现有文献的总结，将体育产业的所有分类均包含在内，没有对产业内的具体项目进行细分和选择，可能在科学性与针对性方面稍有欠缺。随着休闲体育产业的发展及研究成果的充实，关于休闲体育产业边界方面将进一步细化和明确。

第二，关于影响因素选取方面，本书从核心产业系统、产业内部环境和产业外部环境三个方面分析了休闲体育产业生态系统的影响因素，但在选取具体的影响指标时，部分因素参考相关产业的影响因素进行研究与区分，影响因素更重产业，所以其针对性可能较差。

第三，在数据选择方面，考虑到研究过程的可操作性本书引用系统动力学模型进行建模的过程中对问题进行适时简化，所考虑的因素不够全面，未考虑企业内部影响因素的作用；在构建 SD 模型时，由于部分数据难以获取，因此模型中某些变量的数据是通过趋势预测或者是在讨论的基础上反复调试得到，可能导致结果存在偏差。在评价我国休闲体育产业高质量发展研究中，由于部分数据难以计算或其统计口径会随时间发生变化，文章选择了一些替代指标，因此指标体系中存在非最优选择的具体指标。

二、研究展望

第一，影响因素可进一步细化。未来在休闲体育产业概念内涵细化的基础上，分析休闲体育产业生态系统的影响因素时，可从休闲体育产业和产业生态系统运行方面深入分析，可在更微观更细致的层面上选取影响因素指标，使其更具科学性和代表性。

第二，在数据选择方面，随着国家统计数据的不断细化和统计口径的统一发展，之后在选择数据时的限制性将更小，数据将更加完善和全面。而且在数据选择方面，可以通过调查问卷等形式丰富休闲体育产业生态系统的调查数据，丰富数据的获取形式，做到对休闲体育产业生态系统进行更为合理、准确的分析和研究。

第三，在研究区域方面，未来可以对休闲体育产业进行区域化展开更为全面的研究。不同省份甚至不同地市的休闲体育产业发展情况不同，影响因素及未来的发展趋势也会有所差异。本书仅在休闲体育产业生态系统效率方面进行了区域研究，未来可以针对不同区域产业生态系统演化和产业高质量发展展开全面的研究。

参考文献

[1] Andrea Gál. Elite Sport and Leisure Sport in Hungary: The Double Trouble [J]. Physical Culture and Sport. Studies and Research, 2010, 49.

[2] Barro, R. J. and J. - W. Lee. A New Data Set of Educational Attainment in the World, 1950 - 2010, NBER Working Paper, 2010, No. 15902.

[3] BASU A J, VAN ZYL D J A. Industrial Ecology Framework for Achieving Cleaner Production in the Mining and Minerals Industry [J]. Journal of Cleaner Production, 2006 (14): 299 - 304.

[4] Bing, Chen. Analysis of the Development Trend of Leisure Sports from the Perspective of Synergetic Development of Industry [J]. DEStech Transactions on Social Science, Education and Human Science, 2017 (5): 6 - 8.

[5] Bloodgood J M, Hornsby J S, Burkemper A C, et al.. A System Dynamics Perspective of Corporate Entrepreneurship [J]. Small Business Economics, 2015: 1 - 20.

[6] Bum C H, Mahoney T Q, Choi C. A Comparative Analysis of Satisfaction and Sustainable Participation in Actual Leisure Sports and Virtual Reality Leisure Sports [J]. Sustainability, 2018 (10).

[7] Chung Y H, Fare R, Grosskopf S. Productivity and Undesirable Outputs: A Directional Distance Function Approach [J]. Microeconomics, 1997, 51 (3): 229 - 240.

[8] Coelli T. Recent Developments in Frontier Modeling and Efficiency Measurement [J]. Australian Journal of Agricultural Economics, 1995 (39): 219 - 245.

[9] Cote R. P., Hall J. Industrial Parks as Ecosystems [M]. Dalhousie University, 1995.

[10] Denise Anderson. Adolescent Girls' involvement in Disability Sport: Implications for Identity Development [J]. Journal of Sport & Social Issues, 2009, 33 (4): 427 –449.

[11] Des Thwaites. Closing the Gaps: Service Quality in Sport Tourism [J]. Journal of Services Marketing, 1999 (13): 500 –516.

[12] Diana Moss. Regional Leisure Sports Networks Competition and The Consumer [J]. Little League Communications Division, 2008 (04).

[13] Ehrenfeld J, Gertle N. Industrial Ecology in Practice: the Evolution of Inter Dependence at Kalundborg [J]. The Journal of Industrial Ecology, 1997, 1 (01): 67 –80.

[14] Farrell M. J. The Measurement of Productive Efficiency [J]. Journal of Royal Statistical Society, 1957 (3): 253 –290.

[15] Feistel R J. Geography and Evolution [J]. Economics Letters, 2000 (05).

[16] FROSCH R A, GALLOPOULOS N E. Strategies for Manufacturing [J]. Scientific american, 1989, 261 (3): 144 –152.

[17] Fukuyama H, Webe W. L, A Directional Slacks – based Measure of Technical Inefficiency [J]. Socio – Economic Planning Sciences, 2009 (43): 274 –299.

[18] Georgian B, Lorand B. The Reasoning of Practicing Leisure Sports Activities in the Improvement of the Physical and Health Condition, in Adults [J]. European Physical Journal Plus, 2015, Volume Special.

[19] Georgian B, Lorand B. The Influence of Leisure Sports Activities on Social Health in Adults [J]. SpringerPlus, 2016, 5 (1): 1647.

[20] Gort, Michael, Steven Klepper. Time Paths in the Diffusion of Product Innovations [J]. The Economic Journal, 1982 (92): 630 –653.

[21] Hayek F A. Individualism and Economic Order [M]. Chicago: University of Chicago Press, 1948.

[22] Hodgson G. Economics and Evolution: Bringing Life Back to Economics [M]. Cambridge: Polity Press, 1993.

[23] Jelinski L. W. , Graedel T. E. , Laudise R. A. , et al. . Industrial Ecol-

ogy: Concepts and Approach [J]. Proceedings of the National Academy of Sciences, 1992, (89): 793-797.

[24] JinShan, Susan. Leisure Sports Industry: Once Neglected, Now Booming [J]. China & World Cultural Exchange, 2005 (5): 44-46.

[25] Joe Maguire. Towards a Sociological Theory of Sport and the Emotions: A Figurationgal Perspective [J]. International Review for the Sociology of Sport, 1991, 26 (1): 25-35.

[26] Kelly, J. R. Leisure Interaction and the Social Dialectic [J]. Social Forces, 1981, 60 (2): 304-322.

[27] Kim Y J, Cho J H, Park Y J. Leisure Sports Participants' Engagement in Preventive Health Behaviors and Their Experience of Constraints on Performing Leisure Activities During the COVID-19 Pandemic [J]. Frontiers in Psychology, 2020 (11).

[28] Kirstin Hallmann, Cristina MuñizArtime, Christoph Breuer, Sören Dallmeyer, Magnus Metz. Leisure Participation: Modelling the Decision to Engage in Sports and Culture [J]. Journal of Cultural Economics, 2017, 41 (4).

[29] Lambert A. Boons E Eco-industrial Parks: Stimulating Sustainable Development in MixedIndustrial Parks [J]. Technovation, 2002 (8): 471-484.

[30] Li J. Application of Marketing Network in Leisure Sports Industry [J]. Advanced Materials Research, 2014, 926-930: 3758-3761.

[31] Liang F, Mu L, Wang D, et al.. A New Model Path for the Development of Smart Leisure Sports Tourism Industry Based on 5G Technology [J]. IET Communications, 2021.

[32] Marko Perić, Nicholas Wise, Daniel Dragičević. Suggesting a Service Research Agenda in Sports Tourism: Working Experience (s) into Business Models [J]. Sport, Business and Management: An International Journal, 2017 (07): 58-76.

[33] Mattila S P T. Sustainability and Industrial Symbiosis—The Evolution of a Finnish Forest Industry Complex [J]. Resources, Conservation and Recycling, 2010, 12 (54): 1393-1404.

[34] Oh D H, A global Malmquist-Luenberger Productivity Index [J].

Journal of Productivity Analysis, 2010, 34 (3): 183 – 197.

[35] Rheenen D V, Cernaianu S, Sobry C. Defining Sport Tourism: A Content Analysis of an Evolving Epistemology [J]. Journal of Sport & Tourism, 2016: 1 – 19.

[36] Russell C. Sport, Leisure and Social Gustice [J]. Annals of Leisure Research, 2017: 1 – 2.

[37] S. Mäkelä, S. Aaltonen, T. Korhonen, R. J. Rose, J. Kaprio. Diversity of Leisure – time Sport Activities in Adolescence as A Predictor of Leisure – time Physical Activity in Adulthood [J]. Scandinavian Journal of Medicine & Science in Sports, 2017, 27 (12).

[38] Shields, Synnot. An Exploratory Study of How Sports and Recreation Industry Personnel Perceive the Barriers and Facilitators of Physical Activity in Children with Disability [J]. Disability and Rehabilitation, 2014, 36 (24).

[39] Siikavitra H. The 10th International Arctic Workshop in Industrial Engineering and Management [J]. Messiia: Messiia Industry Press, 2000: 18 – 22.

[40] Solow R M. Technical Change and the Aggregate Production Function [J]. The Review of Economics and Statistics, 1957: 312 – 320.

[41] Szabó Á. What Values do Leisure Sports Create and What is Their Relationship to Competitiveness? [J]. Physical Culture and Sport. Studies and Research, 2013, 60 (1): 40 – 51.

[42] T. D. Hinch, J. E. S. Higham, B. D. Moyle Sport Tourism and Sustainable Destinations: Foundations and Pathways [J]. Journal of Sport & Tourism, 2016 (20): 3 – 4, 163 – 173.

[43] Tone K, A Slacks – based Measure of Efficiency in Data Envelopment Analysis [J]. European Journal of Operational Research, 2001, 130 (3): 498 – 509.

[44] Vernon, R. International Investment and International Trade in the Product Cycle [J]. The Quarterly Journal of Economics, 1966 (80): 190 – 207.

[45] World Water Assessment Programme. The United Nations World Water Development Report: Water for People, Water for Life [M]. Washington DC: UNESCO Publishing. 2002.

[46] Yang J. The Impact of Environmental Pollution on Leisure Sports Activities of Urban Residents [J]. Journal of Coastal Research, 2020, 104 (sp1).

[47] Yi L. The Development of Leisure Sports Consumption of Urban Residents under the View of Marine Ecological Environment [J]. Journal of Coastal Research, 2020, 104 (sp1).

[48] Zheng Y. Research on the Competitiveness of China's Leisure Sports Industry Based on Statistical Method [J]. Journal of Intelligent & Fuzzy Systems, 2018, 35 (3): 2855 – 2860.

[49] 鲍丽洁. 基于产业生态系统的产业园区建设与发展研究 [D]. 武汉: 武汉理工大学, 2012.

[50] 蔡宝家. 区域体育产业发展研究//中国体育科学学会. 第八届全国体育科学大会论文摘要汇编（一）[C]. 2007: 269.

[51] 蔡宝家. 我国区域休闲体育产业基本结构形态探究 [J]. 体育科学研究, 2013, 17 (05): 28 – 34.

[52] 曹庆荣, 齐立斌. 农村休闲体育资源开发的产业链与生态链耦合模式——基于体育资源嵌入休闲农业视角 [J]. 成都体育学院学报, 2017, 43 (04): 39 – 45.

[53] 曾梦娟. 长株潭湘江风光带休闲体育资源利用与开发研究 [D]. 湘潭: 湖南科技大学, 2017.

[54] 陈刚, 吴兵成. 体育休闲: 不休, 不闲——基于江苏休闲体育产业发展实践探索 [J]. 体育学研究, 2018, 1 (04): 1 – 7.

[55] 陈黎明. 基于绿色全要素生产率的产业生态经济系统优化研究 [D]. 南京: 东南大学, 2016.

[56] 陈强. 高级计量经济学及 Stata 应用（第 2 版）[M]. 北京: 高等教育出版社, 2014.

[57] 陈巧. 四川省休闲体育与康养产业融合的发展研究 [J]. 当代体育科技, 2017, 7 (17): 220 – 221.

[58] 陈钦. 城市居民休闲体育活动的影响因素研究 [J]. 吉林体育学院学报, 2012, 28 (02): 44 – 46.

[59] 陈晓璐. 中国体育产业综合实力的空间差异与影响因素研究 [D]. 南昌: 南昌大学, 2020.

[60] 陈雯雯. 基于灰色关联分析的上海市体育产业发展影响因素研究 [D]. 上海：上海体育学院，2020.

[61] 陈新生，邵金英. 珠三角城市休闲体育产业发展背景与优势分析 [J]. 广州体育学院学报，2012，32（04）：67-71.

[62] 陈莹. 基于 DEA 的体育公共服务财政投入绩效分析 [D]. 武汉：武汉体育学院，2018.

[63] 陈正. 我国社会不同阶层体育休闲活动的特征 [J]. 武汉：武汉体育学院学报，2005，39（06）：10-13.

[64] 程志理. 奥林匹克运动与青年 [J]. 广州体育学院学报，1990（01）：102-105.

[65] 楚岩枫. 我国物流产业系统演化机理研究 [D]. 南京：南京航空航天大学，2010.

[66] 戴希兵. 安徽省知识产权产业生态系统研究 [D]. 北京：中国科学技术大学，2018.

[67] 单凤霞. 我国城市休闲体育系统的理论构建与运行实践——基于对杭州，武汉和成都三市的调查 [J]. 体育学刊，2022，29（04）：6.

[68] 邓华. 我国产业生态系统（IES）稳定性影响因素研究 [D]. 大连：大连理工大学，2006.

[69] 凡伯伦. 有闲阶级论：关于制度的经济研究 [M]. 蔡受百，译. 北京：人民出版社.1964.

[70] 樊霞，贾建林，孟洋仪. 创新生态系统研究领域发展与演化分析 [J]. 管理学报，2018（01）：151-158.

[71] 方莹莹，刘戒骄，冯雪艳. 空间相关性、创新生态环境与高技术产业创新生态系统创新效率——基于中国内地 23 个省份的实证研究 [J]. 科技进步与对策，2022，39（03）：59-68.

[72] 冯斐. 长江经济带文旅融合产业资源评价、利用效率及影响因素研究 [D]. 上海：华东师范大学，2020.

[73] 冯南平，占李桢，张璐. 基于演化博弈的产业共生行为的研究 [J]. 合肥工业大学学报（自然科学版），2014，37（02）：232-237.

[74] 冯志军. 中国制造业技术创新系统的演化及评价研究 [D]. 哈尔滨：哈尔滨工程大学，2012.

[75] 耿涌, 王珺. 基于灰色层次分析法的城市复合产业生态系统综合评价 [J]. 中国人口·资源与环境, 2010, 20 (01): 112-117.

[76] 弓文. 我国体育产业集聚水平测度及其影响因素研究 [D]. 长沙: 湖南大学, 2011.

[77] 关金永. 我国休闲体育的现状、影响因素及发展前景 [J]. 南昌教育学院学报, 2011, 26 (03): 175-176.

[78] 郭晗, 任保平. 新时代我国体育产业的高质量发展: 逻辑生成与路径选择 [J]. 西安体育学院学报, 2020, 37 (03): 291-297.

[79] 郭亮. 产业经济系统结构演进的系统动力学模型研究 [D]. 大连: 大连理工大学, 2007.

[80] 郭修金. 休闲城市建设中休闲体育时空的调控设计与规划整合——以杭州、上海、成都为例 [J]. 上海体育学院学报, 2013, 37 (02): 30-33, 48.

[81] 韩翠仙. 消费升级背景下山西省休闲体育产业发展研究 [D]. 太原: 山西财经大学, 2017.

[82] 韩璐. 广东省高职院校体育类专业发展现状与对策 [J]. 体育学刊, 2018, 25 (04): 110-115.

[83] 韩腾越. 产业生态系统视角下物流企业商业模式演化过程研究 [D]. 大连: 东北财经大学, 2016.

[84] 韩英许. 基于系统动力学的我国健身俱乐部发展策略研究 [D]. 济南: 山东师范大学, 2016.

[85] 胡丽丽. 区域旅游产业效率影响因素研究 [D]. 大连: 大连理工大学, 2013.

[86] 胡笑寒, 王静. 我国休闲体育产业成长机理研究初探 [J]. 首都体育学院学报, 2009, 21 (02): 176-179.

[87] 胡笑寒, 邹盛. 基于钻石模型的中澳休闲体育产业现状 [J]. 体育科研, 2009, 30 (01): 53-56.

[88] 黄义军, 林腾. 烟台市滨海休闲体育产业的发展研究 [J]. 山东体育科技, 2013, 35 (02): 38-41.

[89] 霍鹏翔, 邓罗平, 王海明. 我国中部地区体育产业集群竞争力水平测度及影响因素研究 [J]. 沈阳体育学院学报, 2018, 37 (01): 51-56.

[90] 纪海波. 基于结构方程模型的体育产业集群影响因素研究 [D]. 成都：成都理工大学，2013.

[91] 解晓龙. 环境规制背景下的我国医药产业绿色全要素生产率研究 [D]. 南昌：南昌大学，2019.

[92] 金银日，范旭东. 上海市居民休闲体育时空行为特征及其差异性研究 [J]. 成都体育学院学报，2017，43（6）：39-44.

[93] 金钟. 韩国体育与休闲产业概述 [J]. 第二届社会体育国际论坛，2004：22-23.

[94] 金宗强，休闲体育产业在全面建设小康社会中的作用与发展背景分析 [J]. 体育科技文献通报，2005（12）：28-29.

[95] 寇艳霞. 基于DEA和Malmquist指数的我国公共体育服务效率实证研究 [D]. 武汉：华中师范大学，2018.

[96] 李斌，彭星，欧阳铭珂. 环境规制、绿色全要素生产率与中国工业发展方式转变——基于36个工业行业数据的实证研究 [J]. 中国工业经济，2013（04）：56-68.

[97] 李博，张志强，苏飞，韩增林. 环渤海地区海洋产业生态系统适应性时空演变及影响因素 [J]. 地理科学，2017，37（05）：701-708.

[98] 李大龙. 基于DEA的区域金融产业系统发展效率研究 [D]. 济南：山东财经大学，2015.

[99] 李东鹏，梁徐静，邓翠莲. "互联网+"背景下休闲体育产业发展趋势、动力和创新路径研究 [J]. 广州体育学院学报，2017，37（04）：33-36.

[100] 李静文. 休闲体育产业与经营管理 [M]. 北京：新华出版社，2017.

[101] 李丽梅. 中国休闲产业发展评价、结构与效率研究 [D]. 上海：华东师范大学，2018.

[102] 李玲，杨永德. 供给侧结构性改革视角下广西健身休闲产业发展研究 [J]. 沿海企业与科技，2018（06）：59-63.

[103] 李伟. 我国健康产业全要素生产率增长测度及影响因素分析 [J]. 统计与管理，2018（11）：28-31.

[104] 李文峰. 世界休闲体育大会后青岛市休闲体育产业提升战略研究

[D]. 山东体育学院, 2017.

[105] 李云燕. 产业生态系统的构建途径与管理方法 [J]. 生态环境学报, 2008, 17 (4): 1707-1714.

[106] 梁霄. 我国体育用品出口贸易影响因素的实证研究 [D]. 北京: 首都经济贸易大学, 2018.

[107] 林宇, 周慧. 山东半岛休闲体育产业的产业生态与季间优化 [J]. 开发研究, 2017 (05): 124-128.

[108] 凌平, 童杰. 杭州市休闲体育产业发展透视 [J]. 上海体育学院学报, 2010, 34 (01): 29-33.

[109] 刘全, 张勇, 王志学. 现代休闲体育的特质、发展态势及策略研究 [J]. 北京体育大学学报, 2017, 40 (11): 22-27.

[110] 刘洋, 王家宏. 休闲体育专业人才培养的问题与改革探索 [J]. 北京体育大学学报, 2016, 39 (11): 104-111.

[111] 刘耀. 煤炭城市产业生态系统生态效率评估及其影响因素研究 [D]. 徐州: 中国矿业大学, 2018.

[112] 刘一民. 体育与余暇生活方式 [J]. 体育科学, 1995 (02): 18-18.

[113] 刘战豫, 孙夏令. 中国物流业绿色全要素生产率的时空演化及动因分析 [J]. 软科学, 2018, 32 (04): 77-81, 114.

[114] 刘子众. 中西方休闲体育之差异 [J]. 体育学刊, 2003, 10 (4): 34-36.

[115] 楼嘉军, 李丽梅. 成都城市休闲化演变过程及其影响因素 [J]. 旅游科学, 2017, 31 (01): 12-27.

[116] 卢元镇. 关于体育科学体系与科学属性探讨情况简介 [J]. 体育科学, 1982 (04): 39-41.

[117] 陆小聪, 吴永金. 上海市中间阶层体育休闲参与及其国际比较 [J]. 首都体育学院学报, 2018, 30 (01): 10-17.

[118] 罗林, 刘春来. 对我国休闲体育发展的几点理性思考——从文化、经济和教育的角度 [J]. 中国体育科技, 2005 (06): 26-28, 136.

[119] 马利超, 佘宏靓. 基于RMP分析的河西走廊体育旅游产业高质量发展研究 [J]. 兰州交通大学学报, 2020, 39 (02): 140-146.

[120] 孟书魁, 雷原. 中国文化产业发展的影响因素研究 [J]. 统计与决策, 2019, 35 (07): 100-104.

[121] 彭红松, 章锦河, 韩娅, 汤国荣, 张瑜. 旅游地生态效率测度的 SBM-DEA 模型及实证分析 [J]. 生态学报, 2017, 37 (02): 628-638.

[122] 邱亚君. 休闲体育行为变通策略的探索性研究 [J]. 体育科学, 2011, 31 (07): 8-16.

[123] 任大帅, 朱斌. 主流创新生态系统与新流创新生态系统: 概念界定及竞争与协同机制 [J]. 技术经济, 2018 (02): 28-38.

[124] 任慧, 李春雷. 我国休闲体育产业价值链构造及延伸路径研究 [J]. 天津体育学院学报, 2011, 26 (01): 15-18.

[125] 芮明杰, 富立友, 陈晓静. 产业国际竞争力评价理论与方法 [M]. 上海: 复旦大学出版社, 2010.

[126] 邵桂华, 满江虹. 基于系统动力学的我国竞技体育可持续发展能力研究 [J]. 体育科学, 2010, 30 (01): 36-43, 69.

[127] 石建平. 复合生态系统良性循环及其调控机制研究 [D]. 福州: 福建师范大学, 2005.

[128] 石振国, 陈培友, 田雨普, 赵翼虎, 孙冰川. 我国城市居民休闲体育社会影响因素调查分析 [J]. 武汉体育学院学报, 2006 (06): 59-63.

[129] 双桥. 为休闲体育开道 [J]. 体育世界, 1995.

[130] 宋强. "十二五" 期间我国体育学类本科新增专业分析与 "十三五" 发展展望 [J]. 体育学刊, 2018, 25 (04): 99-104.

[131] 宋燕飞, 尤建新, 栾强. 汽车产业创新生态系统仿真与影响因素分析 [J]. 同济大学学报 (自然科学版), 2016, 44 (03): 473-481.

[132] 谭前可. 休闲体育产业融合问题的研究——南京市休闲体育产业与旅游产业耦合效应分析 [D]. 长沙: 湖南师范大学, 2016.

[133] 王晨曦, 满江虹. 中国体育产业高质量发展评价指标体系的构建: 基于动力变革、效率变革、质量变革 [J]. 首都体育学院学报, 2020, 32 (03): 241-250.

[134] 王定宣. 中国休闲体育专业人才需求与培养现状调查研究 [J]. 广州体育学院学报, 2017, 37 (04): 29-32.

[135] 王恩旭. 区域旅游产业效率评价研究 [D]. 大连: 大连理工大

学，2011.

[136] 王国琴. 影响我国休闲体育产业发展因素初探 [J]. 山西师大体育学院学报，2009，24（03）：11-13.

[137] 王红英，翟英姿. 上海市老年人休闲体育参与的现状调查与研究 [J]. 沈阳体育学院学报，2015，34（01）：61-65.

[138] 王凯. 广西西江经济带休闲体育产业资源开发研究 [D]. 桂林：广西师范大学，2017.

[139] 王畔领，李忠华. 论休闲体育产业的发展趋势及时代特征 [J]. 体育文化导刊，2006（09）：53-54.

[140] 王伟强，谢冬兴. 组织生态学下珠三角绿道体育休闲业非均衡性协同发展研究 [J]. 山东体育学院学报，2018，34（03）：70-76.

[141] 王先亮，杨磊，任海涛. 我国休闲体育产业的特征及布局 [J]. 体育学刊，2015，22（02）：42-46.

[142] 王先亮，张瑞林. 从生产到生活：论美好生活需要下体育产业高质量发展 [J]. 沈阳体育学院学报，2020，39（04）：106-113.

[143] 王向丽. 创意产业生态系统演化的影响因素分析 [D]. 天津：天津理工大学，2013.

[144] 王晓敏. 东北地区文化创意产业生态系统发展研究 [D]. 哈尔滨：哈尔滨师范大学，2018.

[145] 王艳，张贵敏. 区域优势体育产业选择的基本依据——基于因子分析法的体育产业发展条件研究 [J]. 山东体育学院学报，2011，27（09）：11-14.

[146] 温帅锋. 武汉市休闲体育产业发展现状与市场结构分析 [D]. 武汉：武汉体育学院，2014.

[147] 文红梅. 城郊生态休闲体育产业发展的驱动力研究 [J]. 河南教育学院学报（自然科学版），2016（04）：83-85，89.

[148] 问寻. 基于互联网+视角的西安市休闲体育文化产业发展策略研究 [D]. 西安：西安体育学院学报，2018.

[149] 吴承忠. 奥运城市发展旅游与体育休闲产业经验 [J]. 城市问题，2008（05）：53-58.

[150] 吴静祎，闫琳琳，刘荣，尚金奎. 河北省休闲体育产业发展现状

的调查与分析 [J]. 河北工业大学学报（社会科学版），2010，2（03）：92 - 96.

[151] 吴晓阳，于海涛，李志向，张卫星. 农业转移人口休闲体育参与现状与对策——基于山东省的调查数据分析 [J]. 体育科学，2015，35（04）：30 - 41.

[152] 吴兆红，司增绰，吴香芝，周鑫鑫. 中国健身休闲产业发展动力系统研究 [J]. 河北体育学院学报，2019，33（03）：15 - 20.

[153] 肖焕禹. 休闲体育的演进、价值及其未来发展取向 [J]. 上海体育学院学报，2010，34（01）：6 - 11.

[154] 谢识予. 有限理性条件下的进化博弈理论 [J]. 上海财经大学学报，2001（05）：3 - 9.

[155] 熊欢. 中国城市化进程中女性休闲体育的兴起 [J]. 体育学刊，2012，19（06）：16 - 21.

[156] 徐雯雯. 崇明岛休闲体育与旅游融合发展研究 [D]. 上海：上海体育学院，2018.

[157] 许博. 制造业企业高质量发展影响因素及其实证研究 [D]. 西安：西安理工大学，2020.

[158] 薛文忠. 新时代我国休闲体育发展的瓶颈与突破 [J]. 体育学刊，2019（03）：45 - 49.

[159] 杨广琪. 温州市运动休闲产业发展路径研究 [D]. 温州：温州大学，2019.

[160] 杨静. 武汉市休闲体育企业竞争力的研究 [D]. 武汉：武汉体育学院，2020.

[161] 杨磊，时传霞. 休闲体育产业的经济效应和演进规律 [J]. 山东体育学院学报，2017，33（04）：20 - 25.

[162] 杨倩. 我国体育产业结构优化升级研究 [D]. 上海：上海体育学院，2012.

[163] 杨晓晨，李宗浩，梁强. 休闲体育产业生态系统分析与竞争战略选择 [J]. 北京体育大学学报，2009，32（03）：25 - 28.

[164] 杨祖义. 文化产业效率及其影响因素研究——基于 DEA - Malmquist 指数法和 Sys - GMM 法 [J]. 宏观经济研究，2016（06）：96 - 104.

[165] 尹洁, 刘玥含, 李锋. 创新生态系统视角下我国高新技术产业创新效率评价研究 [J]. 软科学, 2021, 35 (09): 53-60.

[166] 尹永佩, 唐文兵, 姜传银. 创建国际体育城市的评价指标研究——以上海为例 [J]. 武汉体育学院学报, 2018, 52 (04): 24-31.

[167] 应翔君. 我国文化产业效率及其影响因素分析 [D]. 杭州: 浙江工业大学, 2012.

[168] 于颖. 产业集群品牌生态系统协同进化研究 [D]. 沈阳: 辽宁大学, 2013.

[169] 喻科, 喻坚. 新时代我国县域休闲体育产业高质量发展的路径研究 [J]. 体育研究与教育, 2020, 35 (02): 17-21, 27.

[170] 张冰. 我国休闲体育产业综合实力的因子分析 [J]. 湖北社会科学, 2013 (09): 75-78.

[171] 张国兴, 方帅, 汪应洛. 基于演化博弈的供应链协调机制分析 [J]. 决策参考, 2015, 15 (12): 45-49.

[172] 张慧升. 休闲体育发展的社会学分析 [J]. 当代体育科技, 2015, 5 (06): 190-191.

[173] 张晶, 王丽萍. 基于产业多样性与主导性协调的产业生态化实证研究 [J]. 科技进步与对策, 2012, 29 (09): 70-73.

[174] 张军. 北方集团发展战略分析 [D]. 北京: 对外经济贸易大学, 2004.

[175] 张利, 丁亚兰. 我国社会体育发展的经济条件 [J]. 阜阳师范学院学报 (社会科学版), 2007 (06): 102-104.

[176] 张林玲, 刘青. 四川省竞技体育与群众体育协同发展的系统动力学仿真研究 [J]. 成都体育学院学报, 2019, 45 (05): 42-50.

[177] 张清正. 中国金融业集聚及影响因素研究 [D]. 长春: 吉林大学, 2013.

[178] 张擎, 柴王军. 体育产业高质量发展面临问题与实现路径 [J]. 湖北体育科技, 2020, 39 (05): 398-401.

[179] 张庆. 旅游房地产系统演化与发展研究 [D]. 厦门: 厦门大学, 2008.

[180] 张锐, 李薁. 休闲体育的精神与追求——源于哲学的思考 [J].

北京体育大学学报, 2014 (07): 12-17.

[181] 张睿, 钱省三. 区域产业生态系统及其生态特性研究 [J]. 研究与发展管理, 2009, 21 (01): 45-50.

[182] 张森. 中美两国体育休闲产业比较分析研究 [D]. 兰州: 兰州大学, 2013.

[183] 张潇. 基于突变级数法的互联网供应链金融生态系统绩效评估 [J]. 商业经济研究, 2017 (24): 161-164.

[184] 张扬, 买毅强. 中原体育文化产业发展探究 [J]. 体育科技, 2017, 38 (02): 109-110, 115.

[185] 张洋, 刘志峰. 体育产业生态系统的结构、演化与培育研究 [J]. 体育研究与教育, 2010, 25 (05): 24-27.

[186] 张毅, 刘向东. 发展我国农村休闲体育产业的对策思考 [J]. 经济纵横, 2007 (10): 34-37.

[187] 赵军. 生物能源产业生态系统的演化过程及动力机制研究 [J]. 中国生物工程杂志, 2014, 34 (10): 101-107.

[188] 赵乐发, 李军岩. 当前我国休闲体育产业竞争力提升的障碍性因素分析 [J]. 沈阳体育学院学报, 2017, 36 (04): 31-35.

[189] 赵希男, 温馨, 刘炳东. 基于哈肯模型的竞优活动演化机制分析 [J]. 科技管理研究, 2008, 28 (12): 132-134, 140.

[190] 赵云鹏. 海南休闲体育产业的研究 [D]. 北京: 首都体育学院, 2017.

[191] 赵长轶, 刘海月, 邓金堂, 张琴. 创新生态视角下对外技术引进与高技术产业创新效率关系 [J/OL]. 软科学, 2022 (07).

[192] 郑锋, 尹碧昌, 胡雅静. 新时代休闲体育的价值意蕴与实践理路 [J]. 西安体育学院学报, 2021, 38 (03): 322-326.

[193] 郑桂凤, 蔡宝家, 邹丽宝, 韩宝娟. 休闲体育产业界定刍议 [J]. 体育科学研究, 2010, 14 (04): 59-63.

[194] 钟敬秋, 崔瑞华, 赵文祯, 王泽宇. 中国体育产业投入—产出—效率空间分异及其耦合关系探究 [J]. 沈阳体育学院学报, 2018, 37 (01): 41-50.

[195] 钟菊华. 四川省休闲体育产业与旅游产业融合模式研究 [J]. 西

南师范大学学报（自然科学版），2015，40（08）：147-151.

［196］周红波，薛红文. 休闲体育·大众健身·社会发展［J］. 辽宁体育科技，2001（03）：70.

［197］周宁. 我国休闲体育产业现状分析研究［J］. 经济研究导刊，2017（18）：32-33.

［198］周文，曾志坚. 论小康社会我国休闲体育产业的效应与对策［J］. 商场现代化，2007（17）：258-259.

［199］周叶，黄虹斌. 战略性新兴产业创新生态系统自组织演化条件及路径研究［J］. 技术与创新管理，2019，40（02）：158-162.

［200］庄丽. 简谈珠海市休闲体育服务产业发展现状与对策研究［J］. 青少年体育，2016（03）：83，137-138.

［201］邹本旭，李爱云，宋志强. 我国休闲体育产业发展的SCP范式分析［J］. 沈阳体育学院学报，2011，30（06）：36-39.